편집자·작가를 위한
출판저작권 첫걸음

이승훈 저

편집자·작가를 위한

출판저작권 첫걸음

이승훈 저

북스페이스
BOOK SPACE

CONTENTS

머리말 6

1장. 작가도 모르는 작가의 권리
1. 동화 《구름빵》의 저작권은 누구에게 있을까? 13
2. 신경숙 작가의 그 소설은 표절일까? 아닐까? 20
3. 저작권은 저자의 권리이다 25

2장. 저작권이란 무엇인가?
1. 내가 얼마나 고생해서 만든 책인데 저작권이 없다니…… 31
2. 모든 것에 저작권이 있는 것은 아니다 42
3. 책 제목은 저작권이 없다고? 51
4. 《구름빵》은 공동저작물일까 아닐까? 56
5. 출판사 직원이 창작한 책의 저작권은 누구에게? 63
6. 저작자의 인격적 이익, 저작인격권 67
7. 저작권자의 경제적 이익, 저작재산권 72
8. 저작물의 미래가치, 2차적 저작물 작성권 78
9. 저작권 보호기간이 70년으로 늘어났다고? 84
10. 가수는 저작권자가 아니다 88

3장. 출판사도 모르는 출판권

1. 출판권이란 무엇인가? 93
2. 출판사의 의무와 저작권자의 권리 98
3. 전자출판을 위한 권리, 배타적발행권 103
4. 저작권, 출판권, 배타적발행권 등록 방법 107

4장. 무료로 저작물을 사용하려면?

1. 무료로 쓸 수 있는 저작물 117
2. 저작물을 무료로 사용할 수 있는 방법 123
3. 다른 사람의 글과 사진을 무료로 인용하는 방법 130
4. 아무리 찾아도 저작권자를 찾을 수 없는 경우 135

5장. '폰트'는 글자체가 아니다

6장. 손해 보지 않는 출판계약서 작성법

1. 출판계약서를 잘 쓰는 방법 151
2. 매절계약을 할 때 주의할 점 163
3. 출판계약서 작성 매뉴얼 172

맺음말 191

머리말

이 책은 책(전자책 포함)을 만드는 사람들을 위한 출판저작권 해설서이다. 편집자 · 작가 · 전자책출판사 · 출판디자이너 · 기획자 · 마케터 등 책 만드는 일을 하는 사람들이 궁금해하는 거의 모든 저작권 지식을 담으려고 노력했다. 법학을 전공하지 않아도 쉽게 이해할 수 있도록 알기 쉬운 용어로 설명했고, 특히 출판 실무에서 발생하는 저작권 고민을 즉시 해결할 수 있도록 사례 중심으로 구성했다.

원고를 쓰다 보면 다른 사람의 글이나 도표를 인용하게 된다. 그때마다 일일이 저작권자에게 허락을 받는 일은 불가능에 가깝다. 이 문제를 해결하기 위해 저작권법은 저작권이 있는 다른 사람의 글과 그림을 무상으로 사용할 수 있도록 정하고 있다. 이 책에는 저작물을 무상으로 사용하는 방법도 자세히 설명되어 있다.

편집자가 알아야 할 두 가지 법은?

책을 만들 때 알아야 할 두 가지 법은 무엇일까? 바로 '맞춤법'과 '저작권법'이다. 맞춤법이 틀린 책은 신뢰도가 떨어지고, 저작권법을 위반한 책은 표절 시비에 시달릴 것이기 때문이다. 열심히 만든 책에서 오타를 발견한 편집자의 기분은 어떨까? "2쇄 찍을 때 수정하면 될 거야"라며 스스로 위로해도 찜찜한 기분은 쉽게 사라지지 않을 것이다.

올바른 맞춤법을 확인하는 방법은 비교적 간단하다. 국립국어원 표준국어대사전에서 검색하면 대부분 정답을 즉시 확인할 수 있다. 그러나 저작권 문제는 다르다. 웹사이트를 뒤져도 쉽게 답을 찾을 수 없다. 유명 웹사이트 Q&A 서비스에 오답이 정답으로 채택되어 널리 퍼지는 어이없는 일도 있다.

저작권 문제는 OX퀴즈처럼 맞고 틀림의 문제가 아니다. 저작권법 위반 여부는 여러 측면에서 판단해야 하기 때문이다. 이것은 법학의 일반적인 특징이지만 법학 비전공자들의 입장에서 보면 저작권법이 어려운 이유이기도 하다.

책을 출판하려면 기본적으로 저작권법을 알아야 한다. 저작권 공부는 결국 책을 잘 만들기 위한 일이다. 공들여 만든 책이 저작권 시비에 휘말린다면 지금까지의 노력은 헛수고가 될 수 있다. 저작권 문제는 미뤄두면 조금씩 쌓여 있다가 어느 순간 확 터지는 경향이 있다.

"저작권이오? 지금까지 아무 문제가 없었는데요?"
"남들도 다 그렇게 하는데요?"

출판 업무를 하는 사람들이 주로 하는 말이다. 저작권에 관한 법적 분쟁이 매번 일어나지 않는다. 지금까지 아무 일도 일어나지 않은 것은 저작권법을 잘 지켜서가 아니라 단지 '운이 좋았기 때문'이다. 앞으로도 문제없을 거라고 믿는 것은 착각이다.

전자출판에 저작권 공부가 필요한 이유

전자출판을 한다면 더더욱 저작권 공부가 필요하다. 개인 저자들이 직접 전자출판을 하면서 남의 글을 무단으로 베끼거나 부주의하게 사용하는 경우가 늘어나고 있기 때문이다. 온라인으로 작업이 이루어지는 특성 때문에 저작권 인식이 희박해지는 탓도 있다.

저작권법도 모르고 책 썼다가 합의금 물어준 작가들

'책 쓰는 일은 아주 쉽다. 다른 책에 있는 내용을 잘 짜깁기하면 된다'고 가르치는 책쓰기 강사가 있나 본데 큰일 날 일이다. 생애 첫 책을 쓰겠다는 일념에 남의 글을 무단으로 베끼면 저작권법 위반으로 곤란을 겪을 수 있다. 베끼는 것이 아니라 인용하는 방법이라면 다른 사람의 글을 사용할 수 있다. 어떻게 인용하면 되는지 알면 책쓰기가 쉬워진다.

저작권을 잘 알고 업무에 활용하자

지금까지 저작권법을 지키라는 얘기를 귀가 따갑도록 들었을 것이다. 그런데 저작권이 뭔지 알아야 지키든지 말든지 할 것 아닐까? 관점을 달리하면, 저작권법을 지키는 것도 중요하지만 출판 실무자라면 저작권법을 잘 알고 출판에 잘 활용하는 것이 더 중요하다고 생각한다. 편집자와 저자가 저작권법을 모르면 운전면허도 없이 도로를 달리는 것과 같다.

저작권법을 잘 알면 책을 만드는 일이 쉬워진다. 어떤 권리가 있는지 알아야 저작권을 지킬 수 있기 때문이다. 저작권이 있는 저작물도 사용 방법에 따라 얼마든지 무료로 사용할 수 있다. 초등학생도 아닌 직장인들에게 무작정 저작권을 지키라고 말하는 건 뭔가 어색하다. 대신에 "저작권을 알고 업무에 활용하자"고 권하고 싶다.

저작권 침해소송은 이 책에서 다루지 않았다. 소송은 책으로 혼자 배우거나 웹사이트에서 정보를 찾아 할 수 있는 일이 아니기 때문이다. 저작권법 이외에도 각종 법률지식과 소송기술이 있어야 하므로 변호사의 도움이 필수적이다.

저작권법을 잘 이해하려면 민법, 민사소송법, 상표법, 형법, 부정경쟁방지법 등을 먼저 공부해야 한다. 또한 저작권법을 출판 실무에 적용하려면 출판 업무경험도 있어야 한다. 저자는 2006년부터 출판계, 콘텐츠업계 실무자들을 대상으로 저작권 강의를 하고 있다. 특히 한국출판문화산업진흥원에서 저작권 교육을 진행하면서 출판계의 거의 모든 저작권 이슈를 다루었다. 편집자가 책을 만들 때 맞닥뜨리게 되는 저작권 문제를 즉시 해결할 수 있게 최선을 다해 집필했다. 부디 이 책이 좋은 책을 만드는 데 작으나마 일조했으면 하는 바람이다.

2016. 6. 15.
상암동에서
이승훈

**출판저작권
첫걸음**

01

작가도 모르는 작가의 권리

출 판 저 작 권
첫 걸 음

01

작가도 모르는 작가의 권리

1. 동화 《구름빵》의 저작권은 누구에게 있을까?

박 편집장 | 안녕하세요? 박 편집장입니다. 동화 《구름빵》의 저작권이 출판사로 넘어간 일이 있었습니다. 문화콘텐츠 산업의 발전을 막는 최악의 불공정계약으로 낙인찍는 분위기인데 출판업계 입장에서는 다소 억울한 측면이 있어요.

이 작가 | 안녕하세요? 저는 글을 쓰는 저자입니다. '구름빵' 사건은 콘텐츠업계 관계자라면 누구나 알 정도로 널리 퍼진 얘기입니다. 이제 와서 이슈가 된 것은 늦은 감이 있어요. 애당초

작가를 위해 계약을 변경했어야죠.

박 편집장 | 《구름빵》을 유명하게 만들기 위해 출판사도 노력했는데 그런 부분은 인정해주지 않고 무조건 출판사를 불공정 악덕업체로 모는 건 억울한 것 같아요.

이 작가 | 한 권의 베스트셀러를 만들기 위해 저자뿐만 아니라 출판사의 모든 분들이 열심히 뛰어야 하는 건 사실이죠. 작가 혼자만의 힘은 아닐 겁니다. 그래서 애초에 출판계약이 공정하게 이루어졌더라면 좋았겠다 싶어요. 그래도 저작권은 저자를 위한 권리잖아요.

김하나 독자 | 안녕하세요? 말씀 중에 죄송해요. 저는 출판계의 핵심 축인 '독자'입니다. 독자를 빼고 출판을 얘기할 수 있을까요? 독자의 입장에서 《구름빵》 작가의 책을 계속 읽고 싶어요. 그런데 최초 원작을 제외하고 후속작품부터는 저자가 달라졌더라고요. 내용도 사뭇 다르고요. 원작 작가만의 고유한 느낌이 사라진 것 같아요.

이 작가 | 그게 다 '매절계약' 때문에 작가의 권리가 모두 출판사로 넘어가서 그렇게 된 겁니다. 해당 출판사가 4,400억 원의

매출을 올렸는데도 작가에게는 고작 1,850만 원밖에 돌아가지 않은 것은 문제가 있지요.

박 편집장 | 4,400억 원은 실제 매출액이 아니라 성공했을 때 예상되는 부가가치인데 잘못 알려졌어요. 베스트셀러가 됐지만 그렇게까지 많이 팔린 책은 아니라고 합니다.

이 작가 | 그런가요? 해당 출판사에서 매출액을 공개하지 않아 오해가 생긴 것 같네요. 아무튼 작가의 권리가 보호되는 방향으로 출판 비즈니스가 이루어졌으면 합니다. 저작권에 '2차적 저작물 작성권'이란 권리가 있는데요. 이 권리를 출판사에 양도하지 않았다면 작가의 권리가 그렇게까지 짓밟히지는 않았을 것입니다. 대단히 아쉬운 대목입니다.

김하나 독자 | 네, 맞아요. 출판사도 작가도 모두 성공해서 윈윈(win-win)할 수 있으면 좋겠어요.

이 작가 | '구름빵' 사건이 소송으로 치닫고 있어요. 사진 작업에 참여한 사람이 공동저작자냐 아니냐 하는 문제도 있고요. '매절계약'으로 넘어간 저작권을 다시 가져오는 일도 벌어지고 있어요. 사건이 복잡하게 얽혀 있지만 책을 만들거나 쓰려는 사람들

모두 주의 깊게 살펴봐야 할 일이라고 생각해요.

　어린 자녀가 있다면 동화 《구름빵》을 들어본 적이 있을 것이다. 《구름빵》은 구름으로 만든 빵을 먹고 벌어지는 이야기를 '반입체 기법'으로 표현한 동화책이다. 비 오는 날에 한 번쯤 그랬으면 좋겠다고 상상했던 일들이 펼쳐진다. 반입체 기법은 동화 속 그림을 오려내어 입체적으로 배치한 후 사진을 찍어 표현하는 방식을 말한다. 이런 표현은 독특하고 입체감을 주어 큰 주목을 받았다.
　《구름빵》 저자인 백희나 작가는 2005년 볼로냐 국제 어린이 도서전에서 '픽션 부문 올해의 일러스트레이터'로 뽑혔다. 그 후 《구름빵》은 뮤지컬과 애니메이션으로도 만들어졌고 해외 수출까지 되면서 문화콘텐츠 산업의 아이콘으로 등장했다. 애니메이션 〈뽀로로〉의 성공신화를 잇는 새로운 문화콘텐츠 상품으로 기대를 한껏 모았다.
　그런데 《구름빵》을 처음 출판할 당시 저작권은 백희나 작가에게 없었다. 자기가 쓴 동화책의 저작권이 자신에게 없다니? 백희나 작가는 출판사와 계약할 때 '저작권 양도' 계약을 했다고 전해진다. 그래서 동화책에 대한 저작권이 출판사로 넘어간 것이다.
　이러한 계약 형태는 이른바 '매절계약'이라 부르는 출판계약 관행이다. 매절계약을 맺으면 출판사는 비교적 큰 금액의 저작권료를 일시불로 작가에게 지급하고 저작권을 양도받는다. 쉽게 말해 작가가 저작권을 출판사에 파는 것이다. 매절계약 후에는 책이 베스트셀러가 되든 판매가 부진하든 간에 작가와는 아무런 금전적 관계가 없게 된다. 매절계약은 작가가 선호할 수도 있고 출판사가 선호하는 경우도 있다.

《구름빵》의 저작권은 계약에 의해 양도되어 출판사가 저작권을 갖게 되었다. 베스트셀러가 된 후 출판사는 큰 이득을 올렸지만 작가는 지속적으로 저작권료를 받을 수 없었다. 저작권이 출판사에 이전되었기 때문에 법적으로는 당연한 일이다. 하지만 책이 베스트셀러가 됐는데도 작가에게 아무런 금전적 이익이 돌아가지 않는다는 점에 대해 여러 사람들이 불공정하다고 느꼈다. 무엇이 문제일까?

내가 쓴 책인데 나에게 저작권이 없다고?

문제의 발단은 '매절계약'이다. 매절계약은 저작권료(인세)를 한꺼번에 일시 지급하고 저작권을 양도하는 계약 방식이다. '계약 자유의 원칙'에 따라 당사자들끼리 서로 합의가 된다면 공공의 질서와 선량한 풍속에 위반되지 않는 한 어떤 형태의 계약이든 가능하다. 일부 작가들은 매절계약을 원한다. 한꺼번에 큰 금액의 저작권료를 받을 수 있기 때문이다. 책 판매가 부진할 것으로 예상되면 차라리 저작권을 팔아 목돈을 챙기고 더 이상 신경 쓰지 않으려 한다. 반면에 자신의 책이 베스트셀러가 되어 잘 팔릴 것으로 예상되면 좀처럼 매절계약을 하지 않는다. 팔리는 만큼 저작권료를 정산받고 싶어 하기 때문이다.

저작권 양도계약을 하면 작가의 저작권은 출판사에 이전된다. 양도계약을 통해 창작자와 저작권자가 달라지는 것이다. 이처럼 저작권은 사고팔 수 있는 권리이다.

지금까지 출판사들은 관행적으로 매절계약을 해왔다. 그런데 작가는 매절계약의 의미조차 모르는 경우도 많았다. 매절계약이 법적으로 어떤 의미를 갖는지 정확히 안다면 저자와 출판사는 출판계약을 할 때 더 신중해질 것이다. 베스트셀러가 될지 안 될지 불확실한 상황에서 조금이라도 확실한 것을 잡으려는 입장 차이가 '매절계약' 여부를 결정하게 된다.

구름빵 사건에서는 해당 출판사와 작가 모두 비난을 받았다. 출판사에는 상대적 약자인 작가의 저작권을 빼앗아 큰돈을 벌었다는 질타가, 작가에게는 매절계약을 했으면 베스트셀러가 되어도 딴소리하지 말아야 한다는 비난이 쏟아졌다. 불공정한 출판계약 관행을 지적하는 목소리도 있었다. 작가는 창작의욕이 떨어지고 출판사는 여론에 떠밀리는 상황이 벌어진 것이다.

구름빵 사건에서 작가가 불공정한 계약에 당했다며 《해리포터》의 조앤 롤링(Joan K. Rowling)과 비교하는 얘기도 있었다. 조앤 롤링은 1조 원 넘게 벌었는데 백희나 작가는 그렇지 못하다는 것이다. 하지만 조앤 롤링은 저작권을 양도하지 않았고 백희나 작가는 양도한 점이 크게 다르다. 《구름빵》이 아무리 큰 인기를 얻었다지만 세계적 인기를 끈 《해리포터》와 단순 비교하는 것도 무리가 있다.

모든 출판사가 매절계약을 요구하는 것은 아니므로 작가에게도 선택권이 있다. 자신의 요구를 들어주는 다른 출판사와 계약할 수 있다. 강요에 의해 계약하는 일은 거의 없다. '매절계약'을 고집하는 것은 출판업계의 고질적 문제이다. 매절계약만을 고집한다면 작가의 연속적인 창작활동을 위축시킬 수 있기 때문이다. 《구름빵》의 경우 후속작품이 백희나 작가의 손에서 나오지 않는 것은 대단히 안타까운 일이다.

저작권 양도계약을 하지 않았더라면 결과는 백희나 작가에게 더 유리했을 것이다. 하지만 이미 양도한 저작권을 영향력 행사를 통해 되찾으려는 듯한 태도는 결코 바람직하지 않다. 저작권법을 몰라서 그랬든 묵직한 저작권료에 순간 끌려서 그랬든 이미 계약한 이상 그 행동에는 책임을 져야 한다. 가장 기본적인 계약의 효력 자체를 뒤흔드는 것은 더 큰 위험을 야기할 수 있다.

우여곡절 끝에 《구름빵》 저작권자인 출판사는 백희나 작가에게 저작권을 다시 양도하기로 한 모양이다. 하지만 출판사와 작가들이 저작권법을 알지 못한 채 구습을 버리지 못한다면 제2의 구름빵 사건은 계속 일어날 것이다.

2. 신경숙 작가의 그 소설은 표절일까? 아닐까?

이 작가 | 아, 표절은 작가의 원죄 같은 걸까요? 어디선가 본 듯한, 어디선가 들어본 것 같은 느낌을 주는 책은 너무 많아요. 글을 쓰다 보면 비슷한 표현이 나오게 되고 언뜻 보면 유사해 보이거든요. 겨우 한 문단 유사한 정도인데요. 너무들 몰아세우는 게 아닐까요?

김하나 독자 | 그래도 표절은 안 됩니다. 표절은 한마디로 다른 사람의 글을 훔치는 일입니다. 만약 아이들이 읽는 책에 다른 사람의 글을 훔친 것이 있다면 그런 책을 읽게 할 수 있을까요? 그러면 남의 것을 훔쳐 먹어도 된다는 뜻이잖아요.

이 작가 | 그렇죠. 동의합니다. 변명하자면 작가도 자신이 모르는 사이에 비슷한 글을 쓰게 돼요. 묘사 장면이나 설명하는 글에서 자주 나타나는 현상입니다. 쓰다 보면 자기도 모르게 유사해집니다. 읽은 기억도 잘 나지 않고요.

김하나 독자 | 기억나지 않으면 글을 쓰지 말아야죠. 작가가 뭡니까? 새로운 글을 창작해내는 사람이 작가 아닌가요? 남의

글을 베끼고 훔치면 이미 작가가 아니죠.

이 작가 | 제가 베낀 것도 아닌데 머리가 지끈거리고 얼굴이 화끈거리네요. 박 편집장님, 오늘은 왜 이리 조용하신가요? 뭐라도 한마디 좀 해주세요.

박 편집장 | 음…… 오늘 점심은 뭘 먹을까요?

2015년 대한민국 문학계는 신경숙 작가의 표절 시비로 뜨거웠다. 신경숙 작가가 쓴 소설의 일부가 일본 소설과 매우 유사했기 때문이다. 발단이 된 분량은 몇 줄에 불과했지만 파장은 거의 핵폭발 수준이었다. 문학권력, 절필, 욕설 등 문학과 어울리지 않아 보이는 단어들이 폭력처럼 오고 갔다. 소설을 좋아하는 사람으로서 도무지 이해하기 어려운 상황이었다. 과거와 달리 인터넷 시대가 되면서 유사한 작품을 찾아내기 쉬워졌고 논란도 순식간에 전파되고 있다. 그 소설은 과연 표절일까?

그동안 논문 표절, 노래 표절, 그림 표절, 소설 표절, 옷 디자인 표절 등등 수도 없는 표절 논란이 있었다. 대개 흐지부지 잊혀졌지만 이번에는 달랐다. 구체적으로 유사한 문단을 나란히 놓고 비교하다 보니 사람들은 저작권법을 알든 모르든 표절 여부에 관심을 갖게 되었다.

두 사람 다 실로 건강한 젊은 육체의 소유자였던 탓으로 그들의 밤은 격렬했다. 밤뿐만 아니라 훈련을 마치고 흙먼지투성이의 군복을 벗는 동안마저 안타까워하면서 집에 오자마자 아내를 그 자리에 쓰러뜨리는 일이 한두 번이 아니었다. 레이코도 잘 응했다. 첫날밤을 지낸 지 한 달이 넘었을까 말까 할 때 벌써 레이코는 기쁨을 아는 몸이 되었고, 중위도 그런 레이코의 변화를 기뻐하였다. – 미시마 유키오, 김후란 옮김, 《우국》	두 사람 다 건강한 육체의 주인들이었다. 그들의 밤은 격렬하였다. 남자는 바깥에서 돌아와 흙먼지 묻은 얼굴을 씻다가도 뭔가를 안타까워하며 서둘러 여자를 쓰러뜨리는 일이 매번이었다. 첫날밤을 가진 뒤 두 달 남짓, 여자는 벌써 기쁨을 아는 몸이 되었다. 여자의 청일한 아름다움 속으로 관능은 향기롭고 풍요롭게 배어들었다. 그 무르익음은 노래를 부르는 여자의 목소리 속으로도 기름지게 스며들어 이젠 여자가 노래를 부르는 게 아니라 노래가 여자에게 빨려오는 듯했다. 여자의 변화를 가장 기뻐한 건 물론 남자였다. – 신경숙, 《전설》

미시마 유키오와 신경숙 소설 비교

비슷하면 다 표절일까?

'표절'이란 저작권법상 용어는 아니다. 저작권법에서는 '저작권 침해'라는 용어를 사용한다. 타인의 저작물을 무단 사용하여 저작권법에 저촉되는 경우 저작권 침해가 될 수 있다. 일반적으로 '표절'이란 해당 분야의 일반 지식이 아닌 타인의 글이나 독창적 아이디어를 가져와 쓰면서 출처 표시를 누락하거나 부적절하게 한 것을 말한다(남형두, 《표절론》, 현암사, 2015).

표절이란 말에는 도덕적 비난의 의미가 포함되어 있다. 자기 글이 아닌데 마치 자기 글처럼 발표한 것을 두고 하는 말이기 때문이다. 소설가에게 "표절했다"고 비난하는 것은 "너는 글 도둑놈이야"라고 말하는 것과 같다. 비난의 의미가 들어 있으므로 함부로 사용하면 다른 사람의 명예를 훼손할 수 있다. 우연히 또는 단순한 실수로 유사한 표현을 쓸 수 있으므로 섣불리 '표절 멍에'를 씌우는 경솔한 행동은 삼가야 한다.

한때 정치권에 논문 표절 시비 붐이 일었다. 대개 단순한 실수였는데 고의적 표절을 주장하는 정치 공방들이었다. 학위논문 표절 때문에 박사학위가 취소된 어느 국회의원도 별 탈 없이 여전히 건재하다. 표절 시비의 결과가 이렇다 보니 과연 표절이 그토록 심하게 비난받을 만큼 심각한 범죄인지 의문이 들 정도이다.

표절은 어떻게 판단할까?

대한민국에는 표절을 판단하는 국가기관은 없다. 저작권 침해 소송을 제기하는 경우에 한해 법원이 판결할 뿐이다. 소송을 제기하지 않는 한 법원이 먼저 나서서 표절 여부를 판단하지는 않는다. 국민적 관심이 고조되는 표절 사건에 대해 관련 학계에서 일정한 기준을 제시해주면 궁금한 마음이 해소될 텐데 그렇지 못한 실정이다.

하늘 아래 새로운 것이 없다는 속설처럼 '비슷하면 표절'이란

식으로 몰고 가면 모든 글은 다 표절이 된다. 심지어 독후감에 대해 저작권 침해를 주장하는 경우도 있는데 무지의 소치라고밖에 볼 수 없다.

일반 국민이 대체로 받아들일 수 있는 표절 판단 기준은 필요하다. 그러나 몇 단어가 같은지 컴퓨터 프로그램으로 조사하는 방식에는 동의하기 어렵다. 정량적으로 분석할 수 없는 내용을 단어 몇 개가 같다는 이유로 표절이라고 판단하는 방식은 창작물에 대한 잘못된 접근이라고 본다.

자기표절

자신의 작품을 자신이 표절하는 것을 '자기표절'이라고 한다. 이 용어는 어느 노(老) 교수의 말을 빌리자면 '참으로 무식한 소리'가 아닐 수 없다. 자기 글을 자기가 사용하는데 무슨 표절이 되냐는 얘기이다. 물론 연구 성과를 부풀리기 위해 같은 내용을 여기저기 중복 게재하는 것은 문제가 된다. 그러나 논문 중복 게재와 자기표절은 다른 문제이다.

자신의 작품 스타일이나 표현 등을 다른 글에 다시 쓴다고 문제 될 것은 없다. 연구 실적을 부풀리려는 중복 게재가 아닌 한 법적으로나 도덕적으로나 비난받을 이유는 없다. 다만 오해를 막기 위해 자기 글의 재사용임을 밝혀두는 것이 필요하다. 출처 표시를 제대로 하지 않은 경우에는 표절 시비에 휘말릴 수 있다.

3. 저작권은 저자의 권리이다

| 저자(작가) | = | 저작자 | = | 창작자 |

저작권은 저작물에 대한 저작자의 권리이다. 어떤 사람이 소설을 창작하면 그 사람을 저자(author) 또는 작가(writer)라고 부른다. 저자는 창작자인 동시에 저작자이다. 저작자에게 저작권이 발생하므로 저작자는 곧 저작권자가 된다. '저작권자'는 저작권이라는 권리를 갖고 있는 사람을 뜻한다. 글을 썼다는 사실 측면에서 저자나 창작자 또는 작가, 저작권이라는 권리 측면에서 저작권자라는 용어를 사용한다.

저작권은 여러 권리로 구성된다. 크게 '저작인격권'과 '저작재산권'으로 나뉜다. 저작권 중에서 재산적 권리인 저작재산권은 사고팔 수 있다. 저작권을 양도하면 저작자와 저작권자는 달라진다.

저자들의 착각

대개 저자들은 출판사 편집자들이 저작권법을 잘 알고 있다고 굳게 믿는다. 출판사에 근무하면 저작권법을 당연히 잘 알고 있을 것이라고 생각한다. 원고에 대해 저작권 시비가 생기지 않게 도와주고 출판계약서를 작성할 때에도 공정하게 해줄 것이라고 믿는다. 과연 그럴까?

열악한 출판 여건에서 직원 교육에 힘쓰는 출판사는 드물다. 업무에 필요한 교육을 적극적으로 받으러 다니는 사람도 많아 보이지 않는다. 맞춤법 공부도 안 하는데 저작권 공부는 말할 것도 없다.

저작권법에 대해 무지한 상태에서 출판하다 보니 저작권 분쟁이 일어날 가능성도 늘 존재할 수밖에 없다. "저작권법을 몰라도 지금까지 아무 일 없었어", "그런 거 알면 더 골치 아파"라고 반응하는 사람들이 있는데 지금까지 어떻게 별 탈 없이 책을 만들어왔는지 신기할 정도이다. 저작권법조차 모르는 출판사가 과연 저자의 권리를 지켜줄 수 있을까?

저자는 글을 쓴 사람이므로 창작물에 대하여 저작권을 갖게 된다. '저작권'은 창작물에 대한 저작자의 권리이다. 창작에 대한 대가로 인정되는 권리이므로 창작성이 없는 글에는 저작권이 인정되지 않는다. 다른 사람의 글을 베끼면 창작성이 없으므로 저작권이 인정되지 않는 것이다.

저작권(copyright)은 '복제(copy)할 수 있는 권리(right)'를 뜻한다. 출판사는 저자와 출판계약을 맺고 저자의 원고를 책으로 만든

다. 원고는 책을 만드는 중요한 재료이고, 인쇄 과정은 책 형태로 저작물을 복제하는 행위이다. 그러므로 출판을 하려면 저작권 이용허락이 반드시 필요하다.

저작권은 왜 생겨났을까?

저작권법은 저작자의 권리를 보호하고 이용자들이 저작물을 공정하게 이용할 수 있도록 한 법이다. 궁극적인 목적은 문화와 관련 산업을 발전시키려는 것이다. 역사적으로 저작권법은 인쇄 기술의 발달과 함께 생겨났다. 정신적 노동의 산물인 저작물에 대해 독점적 권리를 인정하게 된 것이다.

만약 저작권이 없다면 다른 사람이 쓴 글을 누구나 공짜로 사용하고 출판할 수 있을 것이다. 공유와 나눔 차원에서는 긍정적인 면도 있겠지만, 책을 판매하여 얻을 수 있는 이익이 없으므로 저자가 일방적으로 손해를 볼 수 있다. 여기서 이익은 저자의 정신적 노동에 대한 대가로 볼 수 있다.

저작물의 종류

저작권법은 여러 가지 저작물을 예시로 나열하고 있다. 출판과 관련된 저작물을 살펴보면 어문저작물, 사진저작물, 미술저작물, 편집저작물 등이 있다. 책은 기본적으로 글자로 이루어져 있기 때문에 어문저작물에 해당한다. 어문저작물은 소설, 시, 논문, 연설, 각본 등 문자의 형태로 표현된 저작물이다. 강연이나 강의처럼 말로 하는 것도 강연자의 창작적인 표현이므로 저작물에 해당한다.

어문저작물	사진저작물	미술저작물	편집저작물
음악저작물	연극저작물	건축저작물	영상저작물
도형저작물	2차적저작물	컴퓨터프로그램	보호받지 못하는 저작물

저작물의 종류

저작권과 소유권의 차이

화가 A는 한라산 풍경화를 그린 후 B에게 판매했다. B는 구입한 그림을 집에 걸어두고 보다가 그림을 엽서로 만들어 판매해야겠다는 생각이 들었다. B가 정당하게 구입한 그림이므로 그림을 스캔하여 엽서로 만들어도 저작권 문제는 없는 것일까?

저작권 개념을 이해하기 어려운 이유는 소유권과 달리 형태가 없는 무형의 권리이기 때문이다. 그림의 소유권은 B에게 있지만, 저작권은 여전히 A에게 있다. 그림을 구입했다고 해서 그 그림의 저작권까지 구입한 것은 아니기 때문이다. 이것이 저작권과 소유권의 차이점이다. 저작권까지 양도받지 않은 상태에서 그림만 구입한 B가 그림을 복제하여 엽서로 판매한다면 저작권 침해가 될 수 있다.

**출판저작권
첫걸음**

02

저작권이란 무엇인가?

출 판 저 작 권
첫 걸 음

02

저작권이란 무엇인가?

1. 내가 얼마나 고생해서 만든 책인데 저작권이 없다니……

이 작가 | 이번에 여행서를 쓰면서 전국을 돌아다니며 힘들게 사진을 찍어왔어요. 얼마나 고생해서 찍었는데 글쎄 저작권이 없다는 얘기를 들었죠. 이게 말이 되나요?

박 편집장 | 작가님이 보내주신 원고와 사진을 봤습니다. 전국을 돌아다니며 사진을 찍은 노력이 보입니다. 아주 힘드셨겠어요. 그런데 사진들이 대개 유명 관광지 안내문이나 표지판이네요? 이런 사진은 누가 찍어도 똑같이 나오는 것이라서 저작권이

없어요. 더구나 글도 너무 짧고요.

이 작가 | 사진 찍으러 다니느라 얼마나 힘들었는데 저작권이 없다고요? 출판사에서 제 저작권을 가로채려고 거짓말하는 것 아닙니까? 저는 제2의 '구름빵'이 되고 싶지 않아요. 왜 저작권이 없는지 말씀해보세요.

박 편집장 | 흥분을 가라앉히시고요. 설명해드릴게요. 저작권이 인정되려면 내용에 '창작성'이 있어야 합니다. 고생을 많이 했으니까 저작권을 인정해주는 것이 아니랍니다. 창작적인 표현이 있어야 저작권으로 보호받을 수 있어요. 누가 찍어도 똑같은 사진이나 일상적인 표현을 쓴 글은 창작성을 인정받기 어렵습니다.

김하나 독자 | 이해가 잘 안 되네요. 힘들게 만든 작품인데 저작권이 없다니요. 창작성을 판단하는 객관적인 기준이 있나요?

박 편집장 | 창작성의 판단은 주관적인 부분이 많습니다. 주관적인 판단이지만 대다수 사람들이 인정할 정도가 되면 객관적이라고 봅니다. 이 작가님이 쓴 글을 보면 해운대 표지판 사진이 있고 그 밑에 '해운대 가는 길'이라고 적혀 있어요. 이 정도로는

창작성을 인정받기 어려워요. 이 작가님의 개성이 드러나 있지도 않고요. 누가 써도 이렇게밖에 쓸 수 없는 표현이니까 창작성을 인정할 수 없는 것이죠.

이 작가 | 저작권이 어렵기는 하네요. 제가 만든 것은 무조건 다 저작권이 있는 줄 알았어요. 앞으로 훨씬 더 창작적으로 글을 쓰고 사진을 찍어야겠네요.

도대체 저작권이란 권리는 왜 생겨났을까? 저작권이 없다면 인터넷이나 책에 있는 사진과 글을 마음대로 사용할 수 있다. 공짜로 음악 파일과 영화 동영상을 다운받아 즐길 수도 있다. TV 프로그램도 굳이 '본방사수'할 필요가 없다. 언제 어디서든 무료로 볼 수 있으니까. 그런데 그 '망할' 저작권 때문에 아무것도 할 수 없다. 저작권이 공유의 시대를 역행하며 많은 사람들을 제약하는 것처럼 느껴진다. 이런 상황인데도 저작권법이 필요할까?

저작권이 없다면 각종 영화 동영상, 음악 파일, 사진, 전자책 등을 마음대로 사용할 수 있을지도 모른다. 하지만 창작자의 입장에서 보면 다르다. 창작자가 공들여 창조해낸 작품을 다른 사람이 무단으로 베끼거나 도용해서 판매하고 있다면 못 하게 막고 싶을 것이다. 자신의 글이나 작품을 출판하거나 판매하여 금전적인 수익도 크게 올리고 싶은데 창작자에게 저작권이 없다면 출판을 해도 팔리지 않을 것이다. 왜냐하면 공짜로 구할 수 있는 책이기 때문이다. 저작권은 창작자의 창작의욕을 높여서 더 좋은 콘텐츠를 만들 수 있는 법적인 토대가 된다. 저작권이 창작물을 보호하기 때문에 저자는 안심하고 창작활동에 전념할 수 있다.

책을 아무리 힘들게 만들었어도 '창작성'이 없으면 저작권이 없다. 아무 글이나 무조건 쓰기만 하면 저작권이 생기는 것은 아니다. 저작권법으로 보호받기 위해서는 몇 가지 요건이 필요하다. 저작물의 성립 요건을 만족하는 경우에는 저작권법으로 보호할 수 있지만 그렇지 않으면 저작권 보호가 어렵다. 저작권법이 인정하는 저작물의 정의는 다음과 같다.

"저작물 : 인간의 사상 또는 감정을 표현한 창작물"

어떤 글이나 사진이 저작권법에서 정한 저작물의 정의 규정에 부합하지 않으면 저작권법상 저작물로 인정되지 않는다. 즉 저작권이 발생하지 않는다.

창작성이 있어야 한다

저작권을 인정받으려면 무엇보다 '창작성'이 있어야 한다. 각고의 노력으로 완성한 작품이더라도 창작성이 없다면 저작권이 인정되지 않는다. 창작성은 주관적인 개념이다. 그래서 창작성 유무는 늘 논란거리가 되고 있다. 창작성은 높은 수준의 예술성이나 문학성을 필요로 하지 않는다. 저작자의 개성이 저작물 중에 나타나 있으면 충분하다. 특허처럼 신규성이 있을 필요도 없다. 우연히 유사한 저작물을 창작했더라도 남의 글을 베낀 것이 아니라면 저작권의 보호를 받을 수 있다. 즉 남의 글을 베끼지 않고 스스로 작성한 글이어야 창작성이 인정된다. 자신이 쓴 글은 무조건 저작권이 있다고 믿고 싶겠지만 창작성이 없다면 저작권도 없다.

저작권이 발생하려면 어느 정도 수준의 창작성이 필요한 것일까? 저작권법에서 말하는 창작성이란 완전한 의미의 독창성을 뜻하는 것이 아니다. 단지 '어떤 작품이 남의 것을 단순히 모방하지 않은 정도'를 말한다. 그러므로 저작물에 그 저작자 나름대로의 특성이 부여되어 있고 다른 저작자의 기존 작품과 구별할 수 있을 정도라면 창작성이 인정된다(대법원 1995. 11. 14. 선고 94도2238 판결).

인간이 창작해야 한다

저작권법은 인간의 사상 또는 감정을 표현한 창작물만 보호한다. 인간이 만든 창작물이 아니라면 저작권이 없다. 산이나 강, 멋진 풍경, 바위산, 저녁노을, 바다, 물고기, 동물 같은 자연물 그 자체는 인간이 창작한 것이 아니므로 저작물이 아니다. 다만 이런 자연물들을 찍은 사진은 다르다. 사진에 창작성이 있으면 저작권이 발생한다.

위 사진에 저작권이 있을까?

 이 원숭이 사진에 저작권이 있을까? 결론부터 말하자면 이 사진에는 저작권이 없다. '인간'이 찍은 사진이 아니기 때문이다. 이 사진을 공개한 사람은 영국의 사진작가 데이비드 슬레이터(David Slater)이다. 그는 2011년 인도네시아를 여행하면서 원숭이 사진을 찍고 있었는데 정글 속 원숭이 하나가 카메라를 낚아채 셔터를 눌렀다. 그 중에는 원숭이 자신의 모습을 직접 찍은 '셀카' 사진도 있었다. 원숭이가 우연히 자신의 모습을 찍은 재미있는 사진은 언론에 보도되면서 유명해졌다.
 사진기가 누구의 것이냐가 중요한 것이 아니다. 원숭이가 사진기를 빼앗아 찍은 사진은 인간이 찍은 것이 아니므로 '인간의 사상 또는 감정'이 없다. 그러므로 이 사진은 저작권법상 보호되는 저작물이 아니다. 사진작가는 저작권을 인정해달라고 소송까지 했지만 법원은 역시 저작권이 없다고 판결했다.

인공지능 프로그램이 작성한 소설의 저작권

한때 컴퓨터에 의해 자동으로 작성되는 소설이나 글이 유행한 적이 있었다. 컴퓨터 프로그램에 의해 자동으로 작성된 글을 과연 저작물로 볼 수 있을지 의견이 분분했다. 컴퓨터 프로그램에 의해 글이 자동으로 작성되더라도 인간의 창작행위가 어느 정도 들어가느냐에 따라 저작권 인정 여부가 달라질 것으로 보인다. 인공지능기술의 발전으로 극단적인 사례들이 생겨날 수 있는데 원칙적으로 '인간의 사상 또는 감정'이 들어 있지 않은 글은 저작권이 없다.

사상 또는 감정

저작물로 보호받으려면 '사상 또는 감정'이 저작물에 투영되어야 한다. 저작권법에서 요구하는 '사상 또는 감정'은 수준 높은 철학적 사상이 아니다. 인간의 생각이 들어 있는 정도면 족하다. 초등학생이 그린 유치해 보이는 그림에도 사상 또는 감정이 들어 있다고 인정된다.

저작물은 감정을 표현한 것이므로 '감정 그 자체'는 아니다. 예를 들면 분노의 감정을 글로 썼다면 쓴 글이 저작물이지 분노라는 감정 자체는 저작물로 보지 않는다. 저자는 분노 감정을 여러 가지로 표현할 수 있다. 물건을 던진다거나 큰소리를 치는 행동들이 그것이다. 만약 분노 그 자체에 저작권을 인정한다면 그 누구도 드라마 등에서 분노하는 장면을 표현할 수 없다. 그래서 감정이 아니라 그 감정을 표현한 결과물을 보호하는 것이다.

음식 메뉴판이나 요금표와 같은 단순한 사실을 나열한 것은 저작물로 보기 어렵다. '사실 그 자체'를 나타낸 것만으로는 인간의 정신적 활동의 산물이라고 보기 어렵기 때문이다. 과학자가 힘들게 연구하여 발견한 자연법칙이나 과거에 있었던 역사적 사실은 그 자체만으로는 저작물이 아니다. 신문의 부고기사, 날씨 정보, 주식시세 등도 단순한 사실이므로 보호할 만한 저작물이 아니다.

아이디어는 보호받을 수 있을까?

TV 드라마를 보거나 베스트셀러를 읽다 보면 '나도 그 생각 했는데……' 하고 기억을 떠올리게 된다. 다른 사람보다 먼저 생각한 것을 저작권으로 보호받을 수 있을까? 아쉽지만 '생각' 자체는 저작권 보호를 받을 수 없다. 그 생각을 표현했을 때 외부로 나타난 결과물만 저작권으로 보호할 수 있다.

생각은 일종의 아이디어이다. 저작권의 세계에서 아이디어는 누구나 사용 가능한 영역이다. 물론 아주 뛰어난 아이디어도 존재한다. 획기적인 기획안이나 창의적인 아이디어를 내는 일은 대단히 어렵다. 하지만 저작권법으로 보호받으려면 아이디어를 구체적으로 표현해야 한다.

예를 들어 미래에서 온 외계인이 지구인의 모습을 하고 일상에서 겪는 다양한 에피소드를 그려낸 드라마를 놓고 보자. 외계인이 지구인으로 변신한다는 설정 자체는 아이디어에 불과하다. 다만 좌충우돌하는 상황을 재미있게 표현했다면 그 드라마를 저작물로 인정할 수 있다. 아이디어는 저작권법의 보호를 받지 못하기 때문에 다른 사람의 아이디어를 무단 차용하는 경우가 흔하게 나타난다. 이럴 때 주로 '표절'이라고 말하게 된다.

저작권 발생 시점

저자가 글을 쓰는 순간, 즉시 저작권이 발생한다. 저작권 등록을 하지 않아도 저작권은 자동으로 발생한다. 다만 저작권 등록을 하면 저작권이 누구에게 있는지 쉽게 증명할 수 있고, 타인의 무단 사용에 대해 법적 조치를 할 때도 용이하다.

작가의 출판기획서를 출판사가 가로채는 경우

책을 내고 싶은 예비저자 B는 기존에 없는 책을 기획하고 출판사에 출판기획서를 제출했다. 출판사와 미팅 후 결과를 기다리고 있었는데 몇 개월 후 그 출판사에서 자신이 제출했던 기획과 매우 유사한 책이 출판됐다. B는 출판사가 자신의 출판기획을 도용했다고 생각했다. 출판사를 제지할 수 있는 방법이 있을까?

출판기획서는 책 출간에 필요한 제목, 저자 소개, 책 내용, 판형, 출판마케팅 계획 등을 담고 있다. 일반적으로 출판기획서는 아이디어를 기록한 것으로 취급하기 때문에 저작물로 보호받기 어렵다. 출판기획서가 저작물로 인정되려면 '아이디어 자체'가 아니라 그 아이디어를 '표현한 창작물'일 때 비로소 가능하다. 출판계에서 아이디어 도둑질이나 표절 시비가 끊이지 않는 이유는 아이디어에 불과한 출판기획에 저작권이 있다고 믿기 때문이다. 결국 아이디어인 출판기획은 비밀을 유지해야 안전하다.

출판기획서를 보호하는 방법은?

출판사의 핵심적인 자산 중에는 '출판기획'이 큰 비중을 차지한다. 책을 만들기 위한 시작이자 끝이 바로 '출판기획'이기 때문이다. 하지만 출판기획서는 저작권법으로 보호받기 어렵다. 그 의미가 덜 중요해서가 아니라 분량이 적어 개요에 불과하고, 구체적인 표현이 없어 보호할 만한 창작성이 없기 때문이다. 술자리에서 오고 간 출판기획은 단순한 아이디어이기 때문에 누구나 사용할 수 있다. 무심코 한 말이 애써 만든 출판기획을 망칠 수도 있다. 출판사의 입장에서 보면 사실상 '기밀 유출'이다.

　현행법으로 '출판기획'을 보호하는 방법이 있을까? 다른 출판사에서 출판기획을 베끼거나 직원들이 퇴사하면서 출판기획서를 들고 나가 출판하는 일들이 간혹 일어난다. 이런 사고를 막으려면 '영업비밀'로 보호하는 방법을 사용하면 된다. 영업비밀이란 코카콜라의 제조 비법처럼 어느 기업의 핵심적인 정보를 말한다. 공개되면 누구나 사용할 수 있기 때문에 비밀을 유지할 때 가치가 있다. 출판기획도 마찬가지이다. 출판 전까지 비밀이 유지되어야 가치가 높다.

　출판사의 중요한 정보를 영업비밀로 보호하려면 몇 가지 요건이 필요하다. 우선 출판사 직원들에게 입사할 때 비밀 유지 의무를 부과해야 한다. 출판사와 관련된 일체의 정보를 외부로 유출하지 못하도록 취업규칙에 명시해야 한다. 출판사도 출판기획서를 비롯하여 보호하고자 하는 정보에 대해 상당한 노력으로 비밀 유지가 되도록 관리해야 한다. 누구나 접근 가능하고 비밀이 유지되지 않은 채 방치된다면 보호받을 수 없다.

　직원이 퇴사할 때 또는 이직할 때 중소규모 출판사는 출판기획서 보호나 노무 관리가 제대로 되지 않아 늘 분쟁이 발생할 수 있기 때문이다. 좁디좁은 업계의 특성상 이직을 막을 수는 없지만 출판기획서의 유출은 막을 필요가 있다.

2. 모든 것에 저작권이 있는 것은 아니다

일상적인 표현에는 창작성이 없다

모든 글에 저작권이 인정되는 것은 아니다. 저작권을 인정하지 않는 문장도 있다. "밥 먹었니?" "우리 언제 만날까?" "어디에 있어?" 같은 일상생활에서 흔히 사용하는 말에는 창작성을 인정하지 않는다. 누구나 사용하기 때문이다. 이런 표현에 저작권을 인정해주면 다른 사람은 그런 문장을 쓸 수 없게 된다.

영화 〈왕의남자〉 2005년

〈왕의 남자〉는 1,000만 관객이 본 영화이다. 주인공인 공길과 장생이 나누는 대화에 "나 여기 있고 너 거기 있어"라는 대사가 있다. 두 주인공 사이의 미묘한 감정을 표현한 것으로 관객들에게 상당히 인상을 준 장면이다. 그런데 희곡 〈키스〉에서 이 대사를 먼저 사용했다는 주장이 있었다. 표절 논란이 커지면서 희곡 〈키스〉의 작가는 영화 〈왕의 남자〉를 대상으로 저작권 침해소송을 했다. "나 여기 있고 너 거기 있어"라는 대사에 저작권이 인정될 수 있을까?

영화 〈왕의 남자〉가 크게 흥행하면서 소송 결과에 많은 관심이 쏟아졌다. 사람들은 대사가 똑같기 때문에 저작권 침해가 될 것으로 예상했다. 하지만 법원의 판결은 예상을 벗어났다. 똑같은 문장이 쓰여 있더라도 한 줄 정도에 불과하고, 더구나 일상생활에서 자주 사용하는 표현이므로 저작권을 인정하기 어렵다고 판결한 것이다(서울고등법원 2006. 11. 14.자 2006라503 결정). 유사한 부분이 일정 분량 이상이 되어야 보호받을 수 있다. 또 일상적인 표현은 누구나 사용해야 하므로 저작권이 인정되지 않는다. 결국 창작적인 표현이 유사해야 저작권 침해가 될 수 있다.

Q 영어단어장이나 생활영어 전자책을 출판할 때 영어사전을 참고해서 만들어도 될까?

A 영어단어장은 단어의 편집물이므로 편집저작물에 해당한다. 편집기준에 따라 단어의 배열이 달라지므로 편집 자체에 창작성이 있을 수 있다. 단어 자체는 새로운

창작이 아니라 기존에 존재하는 단어들이므로 누구나 사용할 수 있다. 기존의 영어사전을 통째로 베끼지 않는 한 참고해서 만들어도 저작권 문제가 생길 가능성은 거의 없다. 생활영어회화의 경우 일상적인 표현으로만 이루어져 있다면 창작성이 인정되기 어렵다. 즉 일상적인 영어 표현은 저작물성이 없다. 단, 새롭게 영어 표현을 만든다면 창작성이 인정될 수 있다. 문장 자체에 창작성이 있거나 편집물로서 새롭게 배열한다면 저작권법상 저작물로 인정될 수 있다.

사진저작물의 창작성 판단기준

사진은 정지된 영상을 표현한 저작물이다. 사진을 찍는 사람의 주관적 판단으로 정해진 피사체, 카메라 각도, 빛의 양, 셔터 속도 등에 의해 여러 가지 효과가 표현된다. 모든 사진이 전부 저작권을 인정받는 것은 아니다. 창작성이 없는 사진도 있다. 예를 들어 '제품 그 자체' 사진은 누가 찍더라도 같은 모양이므로 창작성을 인정하지 않고 있다. 고도의 사진기술을 발휘하더라도 제품 자체만 찍은 사진은 창작성이 없다.

사진은 "피사체의 선정, 구도의 설정, 빛의 방향과 양의 조절, 카메라 각도의 설정, 셔터의 속도, 셔터 찬스의 포착, 기타 촬영방법, 현상 및 인화의 과정에서 촬영자의 개성과 창조성이 인정되어야 저작권이 인정된다(대법원 2001. 5. 8. 선고 98다43366 판결).

그러면 인터넷에 떠도는 사진은 전자책에 마음대로 써도 될까? 유명 화가가 그린 명화나 초등학생이 그린 풍경화도 저작권이 있다. 저작권이 있는 그림을 무단으로 사용하면 저작권법을 위반하는 것이다. 인터넷에 떠도는 이미지라고 해서 저작권이 아예 없는 것이 아니다. 누가 저작권자인지 모를 뿐이지 대부분 저작권자가 존재한다.

구글에서 검색하면 무료 이미지를 찾을 수 있다. 다만 무료라고 제공되는 사진들도 대부분 영리적 사용을 제한하는 약관이 있으므로 충분히 살펴보고 사용해야 안전하다.

편집자도 잘 모르는 편집저작권

편집저작권은 편집자의 권리일까? 편집저작권의 '편집'이란 글자 때문에 출판사 편집자들 중에는 이것을 마치 출판사의 권리로 착각하는 사람들도 있다. 편집저작물의 핵심은 '편집의 창작성' 여부이므로 편집에 창작성이 있으면 저작권이 인정된다. 이때 편집을 하는 사람은 출판사 편집자가 아닌 저자를 뜻한다.

편집저작물이란 저작물이나 소재로 사용되는 부호·문자·음·영상 등 자료들의 집합물로서 그 소재의 선택·배열·구성에 창작성이 있는 것을 말한다. 편집저작물에 사용되는 소재는 저작물 또는 저작물이 아닌 것도 포함한다. 책(전자책 포함)을 구성하는 소재 자체는 창작성이 없더라도 그 소재들의 '선택·배열·구성'에 창작성이 있다면 저작권이 인정된다는 점이 중요하다.

저자를 '편저 홍길동'이라고 표시할 때는 저작물이 편집저작물이라는 것을 뜻한다. 편집저작물의 소재가 되는 저작물은 창작성이 없어도 무관하지만, 소재의 배열 즉 편집에 창작성이 없으면 저작권 보호를 받을 수 없다. 다른 사람의 저작물을 편집물의 소재로 사용하는 경우에 저작권자의 허락을 받지 않으면 무단으로 편집저작물을 작성한 것이 되므로 저작권 침해가 될 수 있다.

Q 영어단어집을 출판하려고 할 때 영어 단어와 예문을 옥스퍼드 영어사전에서 찾아 만들려고 한다. 포털사이트 네이버의 어학사전도 검색하여 예문을 그대로 사용하려고 한다. 공개된 예문이니까 자유롭게 써도 문제없을까?

A 어학사전은 단어의 순서나 배열에 창작성이 있는 편집저작물로 볼 수 있다. 다만 단어의 순서가 일반적으로 A부터 Z까지 나와 있는 단어장은 일반적인 배열, 순서이므로 편집 방식에 창작성이 없다. 독특한 배열 방식이 아닌 한 일반적인 편집 방식은 창작성이 인정되지 않는다. 예문도 일상적인 문장은 창작성이 없다. 영어사전이나 네이버 어학사전에서 제공하는 예문은 단

순하여 창작성이 없는 문장도 있으나, 전체적으로 보면 창작성 있는 예문들도 다수 포함되어 있다.

A출판사는 프랑스 S출판사가 저작권을 소유한 《20세기 미술의 모험》에 대해 출판계약을 하고 한국어 번역본을 출판했다. 책 내용은 1900년부터 1989년까지 미술 분야의 주요 사건 및 사실을 연대순으로 선택, 배열하여 10년 단위로 분류했다. 또 미술 분야가 아닌 문학, 음악, 공연예술 등 다른 항목도 대비한 연표를 간략하게 수록했다. 한편 B출판사는 《20세기 미술의 시각》에 연표를 사용하면서 미술 분야와 관련 분야의 역사적으로 중요한 사건과 사실을 수록했는데 일부 항목이 A출판사 책과 일치했다. A출판사는 B출판사에 편집저작권 침해를 주장하려고 하는데 저작권 침해가 성립될 수 있을까?

편집저작물 중 소재의 선택이나 배열에 관하여 창작성이 있는 부분을 사용하면 반드시 전부를 쓰지 않더라도 저작권 침해를 인정할 수 있다. 미술 분야의 연표는 미술사의 중요한 과거 사실이나 사건 등을 수집하고 이를 간결하게 정리하여 연대순으로 배열한 것이다. 연표 속 각각의 항목은 단순한 사실을 소재로 한 것이므로 누가 사용하더라도 동일하거나 유사하게 표현될 수밖에 없다. 단순한 사실을 소재로 한 항목은 아이디어에 불과하므로 창작성이 없다.

반면에 위의 사례에서 소재의 선택이나 배열 부분에 창작성이 있다면 편집저작물로서 보호받을 수 있다. A출판사 책의 연표는 미술사 연표를 작성할 때 흔히 사용하는 구성 방식이다. 일반적으로 사용하는 편집 방식은 창작성을 갖추고 있다고 보기 어려우므로 결국 저작권 침해로 볼 수 없다.

Q 영어교재를 만들고 참신한 교육 방식을 개발했다. 영어글자카드를 이용한 순차적 교육 방식인데 저작권으로 보호받을 수 있을까?

A 아이디어, 이론 등 사상 및 감정 그 자체는 독창성이 있더라도 원칙적으로 저작물이 될 수 없다. 한글교육교재는 그 소재인 글자교육카드의 선택 또는 배열에 창작성이 없어서 편집저작물로 인정되지 않았다. 또한 한글교육교재가 채택하고 있는 순차적 교육 방식이라는 것은 아이디어에 불과하므로 저작물로서 보호받을 수 없다(대법원 1996. 6. 14. 선고, 96다6264 판결).

대학 입시 기출문제는 저작권이 있을까?

참고서를 주로 만드는 출판사들이 눈여겨볼 사례가 있다. 고려대, 연세대 등 대입 본고사 입시 문제를 기출 표시하고 문제집에 수록하는 경우가 흔히 있는데 이런 기출문제도 저작권법상 보호되는 저작물일까?

연세대, 고려대, 서강대, 성균관대 등 대학입학 본고사의 입시 문제에 관해 저작물성 여부가 도마에 오른 적이 있다. 입시문제는 역사적 사실이나 자연과학적 원리에 대한 인식 정도 및 외국어 해독능력 등을 묻는 것이었는데, 교과서나 참고서 등 기타 교재의 일정 부분을 발췌하거나 변형하여 구성한 책이 문제가 되었다.

대입 기출문제에 저작권이 있을까? 기출문제는 출제위원들이 우수한 인재를 선발하기 위해 정신적인 노력과 고심 끝에 남의 것을 베끼지 않고 출제한 것이다. 따라서 출제한 문제의 표현이나 제시된 여러 개 답안의 표현에는 최소한도의 창작성이 있으므로 저작권이 인정된다(대법원 1997. 11. 25. 선고, 97도2227 판결).

편지에도 저작권이 있을까?

단순한 문안 인사나 사실 통지에 불과한 편지는 창작성이 없으므로 저작권 보호 대상이 아니다. 하지만 학자, 예술가가 학문상의 의견이나 예술적 견해를 쓴 편지, 또는 자신의 생활을 서술하면서 사상이나 감정을 표현한 편지는 저작권법의 보호 대상이 된다. 편지 자체의 소유권은 편지를 받은 수신인에게 있지만, 저작권은 편지를 쓴 사람에게 있다.

소설 《무궁화 꽃이 피었습니다》의 내용은 주인공 이휘소의 편지를 기초로 쓰였다. 이휘소가 미국에서 보낸 유학생활 및 가정생활과 연구활동 등에 관해 쓴 편지들이다. 생활 속에서 느끼는 감정, 어머니와 형제 등에 대한 그리움, 물리학에 관한 평소의 생각 등이 나타나 있다. 따라서 이휘소의 감정과 사상이 표출된 이 편지는 저작물에 해당된다(서울중앙지법 1995. 6. 23. 선고, 94카합9230판결).

3. 책 제목은 저작권이 없다고?

박 편집장 | 책 제목에 저작권이 없다고요? 책 제목 짓는 일이 얼마나 어려운 줄 모르세요? 밤낮없이 생각하고 또 생각해서 만들었는데 저작권이 없다니 말이 됩니까? 제가 얼마나 고생해서 지은 제목인데요.

이 작가 | 아무리 고생을 했어도 창작성이 없으면 저작권이 없다고 말씀하신 분이 누구신가요?

박 편집장 | 고생한 건 보상을 받아야죠. 모든 출판사들이 책 제목 짓기에 목숨 걸고 있는데 저작권을 인정받지 못하면 너무 하잖아요. 상표로 등록하면 보호받지 않을까요?

이 작가 | 책 제목은 상표로 보호되지 않는다는 판결이 있어요. 무작정 상표를 등록하는 것은 무모한 행동입니다. 법률을 모르면 엉뚱한 일을 벌이게 되는 것 같네요.

박 편집장 | 그렇다면 상표를 등록하라는 업체들은 뭐죠? 상표를 등록해두라고 해서 상표 등록을 한 건데요.

이 작가 | 쯧쯧.

책 제목을 짓는 데 목숨을 건다는 말이 나올 정도로 출판사에서는 좋은 제목을 짓기 위해 머리를 싸매고 있다. 책 제목을 나타내는 저작물의 '제호'는 저작물의 내용을 지칭하는 역할을 한다. 주제를 압축하거나 광고 효과를 위해 짧은 문장으로 저작물을 표시하는 명칭들이다. 저작물의 상업적 가치가 제목에 의해 결정될 정도로 제목은 아주 중요하다. 하지만 그 중요성에도 불구하고 저작물의 제호 자체는 저작물로 보지 않는다(대법원 1996. 8. 23. 선고 96다273 판결). 저작권법상 제호는 창작적 표현이 아니라 내용을 지칭하는 것으로 보기 때문이다. 더구나 짧은 문장으로 이루어져 있어서 제목 자체만으로는 저작권을 인정하기 어렵다.

독특한 제목이나 뚜렷한 광고 효과를 보이는 제목일지라도 제호만으로는 저작물성이 없어서 저작권법으로 보호되지 않는다. '태백산맥', '행복은 성적순이 아니잖아요', '애마부인', '영어공부 절대로 하지 마라' 등 유명한 책 제목도 모두 저작권이 인정되지 않았다.

책 제목을 상표 등록하면 보호받을 수 있을까?

상표는 특허청에 상표 출원하여 심사 후 등록된다. 상표는 대개 도형(회사로고 등)과 글자로 이루어져 있으며 상품을 지정하여 신청한다. 상표의 기능은 상품의 출처 표시이다. 즉 자신의 상품을 타인의 상품과 구별하기 위해 상표를 사용한다. 그런데 책 제목은 책의 출처를 표시하는 것이 아니라 그 책을 지칭하는 역할을 한다. 책의 출처는 출판사이며, 책 제목은 해당 저작물의 명칭 또는 그 내용을 함축적으로 나타내주는 기능을 한다. 이것은 품질을 나타내는 보통명칭과 같은 성격을 가진다. 보통명칭은 책, 컴퓨터, 종이, 연필 등 보통명사를 뜻한다. 책에 대하여 '책'이라고 상표 신청을 하면 이것은 보통명칭이므로 상표 등록이 되지 않는다.

책 제목이 책 내용을 설명하는 것이라면 그 책에 대하여 상표는 등록조차 되지 않는다(상표법 제6조 1항 3호). 설령 편법을 써서 상표 등록을 하더라도 그 상표의 효력은 책 제목이 아니라 해당 책의 출처 표시로 사용될 때에만 인정될 뿐이다. 나중에 법적 분쟁이 발생하면 상표가 무효 또는 취소될 확률이 높다. 결국 상표를 책 제목으로 사용할 때는 상표 효력이 미치지 않는다.

물론 책이 아닌 다른 지정상품이라면 상표 등록이 가능하다. 책과 관련된 상품을 제작하려고 할 때는 마케팅 전략에 따라 상표 등록이 필요할 때가 있다. 책에 관한 OSMU(One Source Multi Use) 상품을 만든다면 책 이외의 상품에 상표 등록을 해야 한다. 유명상품이 될 조짐이 보이면 상표 사냥꾼들의 표적이 될 수 있기 때문이다.

감자튀김 안주로 유명한 '열정감자' 창업자들은 방송활동으로 유명해지면서 책을 출판했다. 하지만 정작 '열정감자'를 상표 등록해두지 않아 다른 사람이 먼저 등록해버린 일이 발생했다. 상표는 먼저 등록하는 사람에게 우선권이 있다. 열정감자 창업자들이 정작 '열정감자'를 사용할 수 없게 된 것이다. 자신의 권리를 지키기 위해 노력하지 않으면 이런 일이 벌어진다. 사업을 하면서 가장 중요한 브랜드를 자신들이 사용할 수 없다면 큰 낭패이다.

책 제목을 독점하고 싶은 마음에 상표로 등록해두는 출판사가 점점 늘어나고 있는데 헛수고가 될 수 있다. 상표 등록 대행업체들이 출판사를 대상으로 상표 등록을 부추기는 영업을 하고 있다. 이에 현혹된 출판사들이 책에 대해 효력없는 상표를 들고 다른 출판사를 위협하는 어리석은 짓을 하지 않기를 바랄뿐이다.

시리즈 책은 상표권 효력이 있을까?

책에 사용된 제호를 상표 등록한 경우 어떤 때 상표권 효력이 미치는지에 관한 판례가 있다. 문제가 된 책은 '영절하! 중학입문', '영절하! 중학입문 Listening Script & Test Answers', '영절하! 중학실력', '영절하! 중학실력 Listening Script & Test Answers', '영절하! 중학기본', '영절하! 중학기본 Listening

Script & Test Answers', '영절하! 중학종합', '영절하! 중학종합 Listening Script & Test Answers' 등 '영절하'를 제호의 일부로 하는 시리즈물이다.

 타인의 등록상표를 정기간행물이나 시리즈물의 제호로 사용하는 등 특별한 경우에는 사용 형태, 사용자의 의도, 사용 경위 등 구체적 사정에 따라 실제 거래에서 제호의 사용이 책의 출처를 표시하는 식별표지로서 인식될 수도 있다. '영절하'를 제호의 일부로 하는 시리즈물의 형식으로 이 사건 서적을 제작·판매하고 있는 경우 '영절하' 제호의 사용 형태, 사용 의도, 사용 경위 등에 비추어 등록상표를 시리즈물인 서적의 제호로 사용하여 시리즈물인 서적의 출처를 표시하고 있는 것으로 볼 여지가 있다. 이와 같은 제호의 사용을 상표적 사용으로 보아 상표권의 효력이 이에 미치는 것으로 보아야 한다(대법원 2005. 8. 25. 선고 2005다22770 판결).

 이는 '영절하' 시리즈에 관한 판결이므로 구체적인 사례에 따라 판결이 달라질 수 있다. 따라서 책 제목을 법적으로 보호해줄 것이라 기대하여 무작정 상표 등록을 하는 일은 피해야 한다.

4. 《구름빵》은 공동저작물일까 아닐까?

공동저작물이란?

책을 만들다 보면 공동으로 창작하는 경우가 생긴다. 같이 일할 때는 즐겁지만 책이 완성되고 난 후에는 누가 저작자인지 다툼이 생길 수 있다. 베스트셀러가 될 경우에는 더욱 그렇다. 공동으로 창작을 한다면 누가 저작자인지 미리 정하고 시작해야 골치 아픈 저작권 문제가 생기지 않는다.

저작권은 창작자에게 발생한다. 여러 명이 창작한 경우에는 누가 저작자인가? 창작자가 여러 명이라면 저작물은 공동저작물이 되고, 공동으로 창작한 사람들에게 공동으로 저작권이 발생한다. 《구름빵》의 글과 그림은 백희나 작가가, 사진(초판에는 '빛그림'으로 기재)은 다른 사람이 맡아서 공동 작업을 했다. 처음 출간된 책에도 두 사람의 이름이 기재되어 마치 공동저작자처럼 표시되어 있었다. 《구름빵》에 대한 저작권 분쟁이 시작되면서 《구름빵》이 공동저작물인지 여부에 대해 논란이 있었다. 과연 누가 저작자인지 관심이 쏠렸다.

영화나 애니메이션뿐만 아니라 출판에서도 여러 명이 협업을 하는 경우가 흔해졌다. 여러 사람들이 각자 자신이 맡은 부분이나 역할을 하면서 공동으로 창작하는 경우에는 누구를 저작권자로 봐야 할까? 원칙적으로는 글을 쓴 사람, 즉 창작한 사람이 저작자이다. 아이디어를 제공하거나 자료 수집을 도와준 사람은 저작자가 아니다. 보조작가 역시 저작자가 아니다. 공동저작자가 되려면 공동저작물을 창작하는 데 함께할 것을 인식하고 실질적으로 창작에 참여해야 한다. 단순히 창작의 일부분에 참여하는 경우에는 공동저작자가 되지 못한다. 그러므로 주가 되는 저작자와 보조 업무를 하는 사람을 구분할 필요가 있다. 보조 인력으로 투입된 사람이 글도 고치고 사진도 찍었다고 해서 저작자가 되는 것은 아니다.

사진이 들어간 에세이집을 출판하는 경우 글을 쓴 저자와 사진을 찍은 사진가가 저작물의 공동저작권자인지 문제가 될 수 있다. 저자가 2명 이상인 경우 서로 마음이 안 맞아 분쟁이 발생할 수도 있다. 권리관계가 복잡해지면 그 저작물을 출판하기 어려워진다. 《구름빵》의 글과 그림은 백희나 작가가 창작한 것이 분명한데 사진 작업을 한 사람도 저작자로 인정될 수 있는지에 대해 소송이 제기됐다. 공동저작물 여부에 대해 서울서부지방법원은 백희나 작가의 단독저작물로 판결했다(동아일보 2016. 1. 22). 사진 작업은 보조적인 역할에 불과하여 공동저작자로 인정하기 어렵다는 것이다. 출판사에서 여러 작업자들이 모여 공동으로 창작물을 작성할 때에는 권리관계를 분명히 해두어야 한다. 참여자에 대해 저작자로 인정할 만한 역할을 할지, 단순히 보조적인 역할만 할지 미리 정하고 시작하면 법적 분쟁을 줄일 수 있다.

결합저작물이란?

글과 사진이 함께 있는 책은 글과 사진을 분리해서 이용할 수 있다. 이런 경우는 공동저작물이 아니라 '결합저작물'로 본다. 결합저작물인 경우에도 2명 이상의 저작자들은 공동저작권자가 된다. 다만 글과 사진을 분리할 수 있으므로 공동저작권자 사이에 분쟁이 일어나면 글과 사진을 분리해서 각각 이용하면 된다.

[사례] ○○출판사의 편집자 황 대리는 '리더는 리딩하라'는 책을 기획하고 저자를 섭외해 원고를 입수했다. 저자는 강연으로 이름을 날리고 있어 홍보에는 문제가 없었다. 다만 강연자가 글을 너무 못 써서 문장이 엉성하고 내용이 부실했다. 편집회의에서 출간 여부를 결정했는데 '아주 과도한 수정 작업'을 거쳐 출간하기로 했다. 원고 추가를 위해 황 대리는 자료 조사와 정리를 맡았다. '리더는 리딩하라'는 출간 후 1,000만 부 넘게 팔리는 베스트셀러가 되었다. 그러자 편집자 황 대리는 슬슬 자신도 저작자로 인정받을 수 있는지 궁금해졌다.

저자가 쓴 원고를 편집자가 '과도한 수정'을 통해 새로운 작품으로 탄생시키는 경우가 종종 있다. 고쳐 쓴 분량으로 따져도 상당한 부분을 편집자가 쓰게 된다. 이런 경우에 편집자도 저작자가 될 수 있을까? 편집자가 함량 미달인 원고를 상당 부분 고쳐 썼을 때 편집자도 저작자가 될 수 있는지 여부가 논란이 될 수 있다.

결론적으로 편집자는 저작자가 될 수 없다. 공동으로 창작할 것을 인식하며 실질적으로 창작에 참여하지 않았기 때문이다. 저자와 편집자가 공동으로 창작할 것을 약속하거나, 공동창작을 인식하고 함께 창작활동을 했다면 공동저작자가 될 수 있을 것이다.

대필작가는 공동저작자가 될 수 있을까?

어떤 인물을 인터뷰해서 출판하는 경우도 흔히 있다. 인터뷰 진행자(interviewer), 인터뷰에 응하는 사람(interviewee), 인터뷰를 듣고 글로 풀어내는 대필작가(ghostwriter)가 있을 때 이 모든 사람들을 공동저작자로 할지, 아니면 인터뷰에 응한 사람만 저작자로 해야 할지 애매할 수 있다. 출판하기 전에 누구를 저작자로 할지 정하는 편이 좋다. 책의 주요 내용이 인터뷰한 당사자에게서 나오는지, 대필작가나 진행자한테서 나오는지 판단하면 저작자를 구별하기 쉽다. 인터뷰의 핵심은 대필작가가 아니라 인터뷰에 응하는 사람과 진행자이기 때문이다.

자서전 출판을 위해 인터뷰하는 경우 저작권은 누구에게?

자서전의 주인공이 해주는 말을 녹음해두었다가 그대로 글로 옮겨 자서전을 출판했다면 저작권자는 주인공이 될 것이다. 반면 인터뷰하는 사람이 자서전의 주인공과 함께 대담 형식으로 인터뷰를 하고 공동으로 자서전을 저작할 것을 인식하여 출판한다면 공동저작물로 볼 수 있을 것이다. 특히 평전처럼 인터뷰하는 사람의 생각과 평가가 창작적으로 자서전에 포함된다면 공동저작물로 볼 수 있다. 이런 경우에는 분쟁을 방지하기 위해 자서전을 출판하기 전에 공동저작물로 하자고 미리 약속을 하는 것이 좋다.

[사례] 편집부 P편집장은 유명한 EBS 영어강사와 함께 공동으로 디지털 영어교과서를 개발하기로 했다. 기획을 맡은 P편집장은 어떤 교재를 만들면 좋을지 자료 조사와 분석 작업에 들어갔다. 자료 조사를 위해 보조작가 C가 투입되어 디지털 교과서에 필요한 콘텐츠 소재가 될 만한 자료를 모두 조사했다. 한편 P편집장은 영어강사에게 '뇌자극 교육 방식'이라는 결정적인 아이디어를 제공했다. 마침내 영어강사가 쓴 책이 완성되었다. 출판사에서는 책의 홍보 효과를 높이기 위해 유명 대학 영문과 K교수의 감수를 받았다. 이 책의 저작자는 누구일까?

P편집장이 기획하고, 보조작가 C가 자료 조사를 하고, 영어강사가 집필하고, K교수가 감수한 이 책은 누가 저작자일까? 영어강사는 직접 저작을 한 사람이므로 저작자이다. 보조작가 C는 자료 조사만 했으므로 저작자라고 볼 수 없다. P편집장은 '뇌자극 교육 방식'이라는 결정적 아이디어를 제공했지만 창작한 사람이 아니므로 저작자가 될 수 없다. 감수를 맡은 K교수는 영어강사와 공동 창작을 한 것이 아니므로 역시 저작자가 아니다. 결국 '영어강사'만 이 책의 저작자이다.

[사례] P편집장은 완성된 원고를 검토하다가 아무래도 인지도 높은 사람이 저자로 기재되어야 책이 잘 팔릴 것이라고 생각했다. 그래서 영어강사에게 동의를 받고 유명 대학 영문과 K교수를 저자로 넣기로 했다. 영어강사에게는 불만이 없도록 두둑이 집필료를 챙겨줬다. 다른 출판사들도 이렇게 많이 하는데 저작권 문제는 없을까?

이름만 빌려 저작자로 표시하면 저작권법 위반일까?

책에 실을 이름만 빌리거나 대신 글을 써주는 것은 출판계의 공공연한 비밀이다. 저작권법에는 실제 창작한 사람이 저작자가 되는 '창작자 원칙'이 있다. 정당한 비용을 지불하고 원고를 완성한 후 마케팅 필요에 따라 저작자를 유명인으로 바꿔도 실제 글을 쓴 사람이 저작자이다. 이러한 대필 사실을 누설하지 않겠다고 각서를 써도 저작자는 바뀌지 않는다.

유명인, 전문가의 이름만 빌려 기획출판을 하는 경우 저작권법상 문제가 없을까? 홍보를 위해 저작자가 아님을 알면서도 저자로 표시하거나, 단순한 자료 정리나 교정을 한 사람을 저자로 기재하는 경우도 저작자 표시에 관한 저작권법 위반이 될 수 있다. 저작권법 제137조(벌칙)는 "저작자 아닌 자를 저작자로 표시하여 저작물을 공표한 자를 1년 이하의 징역 또는 1,000만 원 이하의 벌금에 처한다"라고 규정하고 있다.

5. 출판사 직원이 창작한 책의 저작권은 누구에게?

박 편집장 | 저희 회사 디자이너가 작업한 책 표지의 저작권은 누구에게 있을까요? 그 디자이너가 퇴사하면서 프리랜서로 일하고 있는데 근무할 때 작업했던 책 표지들을 포트폴리오로 만들어서 사용하고 있네요. 그 표지들은 우리 출판사 책들인데 퇴사한 디자이너가 무단으로 쓰면 안 될 것 같거든요.

이 작가 | 회사에 근무하는 직원이 만든 표지 디자인은 회사 소유가 되어야 할 것 같아요. 월급을 받고 디자인한 것이므로 표지 디자인의 저작권은 회사가 가져야 공평한 것 같습니다.

박 편집장 | 저작권은 창작한 사람에게 있으니까 디자이너에게 저작권이 생길 것 같기는 한데요. 퇴사한 경우에 표지를 사용하면 출판사 입장에서는 불합리해 보입니다.

이 작가 | 퇴사를 했더라도 근무 중에 작업했던 표지 디자인을 포트폴리오로 활용하는 것은 문제없지 않을까요? 포트폴리오는 작업 결과물을 보여주는 것이지 표지로 사용하는 것은 아니니까요.

출판사 직원이 업무와 관련하여 찍은 사진의 저작권은 누구에게 있을까? 원칙적으로 창작을 한 사람, 즉 사진을 찍은 사람이 저작권자가 된다. 그러나 업무와 관련하여 찍은 사진들까지 모두 해당 직원에게 저작권이 돌아간다면 회사 입장에서는 불공평할 수 있다. 출판사에 근무하는 디자이너가 업무 중에 작업한 디자인의 저작권도 마찬가지이다. 언뜻 보면 창작자가 저작자이므로 디자인 작업을 한 디자이너가 저작권을 갖는 것처럼 보인다. 하지만 업무 관련성이 있다면 디자이너가 저작권자가 될 수 없는 경우도 있다.

저작권법에서는 창작자 원칙의 예외로, 창작자가 출판사에 고용된 직원인 경우 일정한 요건에 해당하면 출판사를 저작권자로 본다. 이러한 저작물을 '업무상 저작물'이라고 한다. 업무상 저작물이란 법인·단체 그 밖의 사용자의 기획하에 법인 등의 업무에 종사하는 자가 업무상 작성하는 저작물을 말한다. 계약 또는 근무 규칙에서 업무상 저작물의 범위를 정할 수 있다.

업무상 저작물이란?

근무 중에 발생한 저작권은 누구에게 돌아가는지 관련 저작권법 규정을 살펴보자. 업무상 저작물은 창작자에게 저작권이 발생한다는 원칙의 예외로, 다음의 일정 요건을 갖추어야 업무상 저작물로 인정된다.

① 법인·단체 등의 사용자가 저작물 작성에 관해 기획하는 경우

② 법인의 업무 종사자가 작성하는 경우

③ 업무상 작성하는 경우

④ 법인 등의 명의로 공표하는 경우

업무상 저작물이 되려면 첫째, 법인·단체 등의 사용자가 저작물 작성에 관해 기획을 해야 한다. 둘째, 법인의 업무 종사자가 작성해야 한다. 업무에 종사한다는 것은 사용관계가 있는 것을 의미한다. 사용관계란 사용자와 근로자 사이에 실질적인 지휘, 감독관계가 있는 것을 말하며 위탁, 도급계약의 경우는 포함하지 않는다. 셋째, 업무상 작성하는 저작물이어야 한다. 즉 그 저작물의 작성 자체가 업무와 관련 있어야 한다. 업무 이외의 저작물은 업무상 저작물이 아니다. 넷째, 법인 등의 명의로 공표해야 한다.

업무상 저작물로 인정되면 법인이 저작자가 되며, 저작인격권과 저작재산권까지도 법인에 귀속되는 것으로 본다. 보호기간은 공표한 때로부터 70년이다.

신문 기사의 저작권은 누구에게?

신문 기사의 저작권은 기자와 언론사 중 누구에게 있을까? 신문 기사의 경우 일반적으로 기사를 작성한 기자 이름을 공개하

여 작성자가 명확히 드러난다. 기자는 사건 취재와 기사 작성을 업무로 하고 있다. 언론사에 근무하면서 기사를 작성하고 있으며 기사 작성은 거의 대부분 업무와 관련된다. 기사는 종이 신문이나 인터넷 신문에 회사인 언론사 명의로 공표된다. 회사에서 내부적으로 기자에게 저작권을 인정한다는 취업 규칙이 없는 한 기사는 업무상 저작물로 해당 언론사에 저작권이 귀속된다.

퇴직 기자가 언론사에 근무할 때 작성했던 기사를 모아 책으로 내는 경우가 종종 있다. 업무상 저작물에 해당하는 기사는 저작권이 기자에게 없으므로 언론사의 허락 없이 출판하면 무단 출판이 된다.

디자이너가 작업한 디자인 포트폴리오

출판사에 근무하던 디자이너가 퇴사하면서 그동안 작업했던 책 표지를 포트폴리오로 활용하는 경우가 흔하다. 디자이너가 근무 중에 작업한 표지 디자인은 업무상 저작물이므로 저작권은 해당 출판사에 있다. 그렇다면 디자이너는 포트폴리오에 책 표지 이미지를 사용하면 안 되는 것일까?

표지 이미지를 다른 책에 사용하는 것이 아니라 단순히 포트폴리오로 쓰는 것은 출판계의 관행상 허용되는 범위이다. 포트폴리오는 그동안 작업했던 결과물의 목록이므로 출판사가 디자이너의 사용을 막는 것은 부당한 행위가 될 수 있다.

6. 저작자의 인격적 이익, 저작인격권

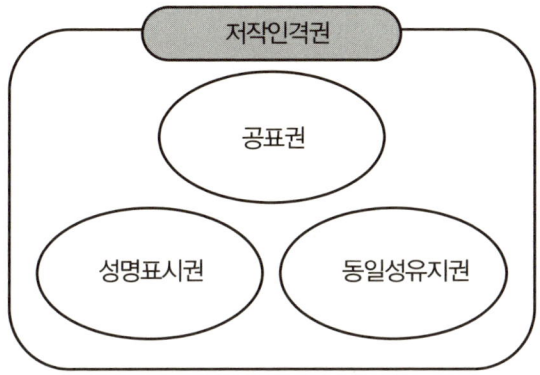

'저작인격권'은 말 그대로 저작자의 인격에 관한 권리이다. 저작자에게만 인정되는 권리이므로 다른 사람에게 양도할 수 없다. 만약 저작인격권을 양도할 수 있게 되면 큰 혼란에 빠질 것이다. 양도할 때마다 저작자의 이름이 바뀌면 피카소 작품이 하루아침에 다른 사람이 그린 작품으로 바뀔 수 있기 때문이다. 이렇게 되면 사실관계가 달라지므로 이치에 맞지 않는 일이 된다. 그러므로 다른 사람에게 저작권을 양도하더라도 저작자는 바뀌지 않는다.

저작인격권은 세 가지로 구성되어 있다. 공표권, 성명표시권, 동일성유지권이다. 그리고 저작자 사망 후 인격권도 보호하고 있다.

공표권

저작자가 자신의 저작물을 공표할 것인지 여부를 결정할 수 있는 권리이다. 미발표작을 저작자의 허락 없이 발표하면 공표권 침해가 된다. 일단 발표하면 공표권은 소멸한다. 발표 사실을 없던 것으로 되돌릴 수는 없다. 시험 문제처럼 비밀을 유지하는 저작물을 유출하면 공표권을 침해하는 것이 된다.

미국 대입시험인 SAT 문제와 토플(TOEFL) 문제가 학원 강사들에 의해 유출된 사건이 있었다. 영어학원 강사가 실제 시험을 보면서 문제를 베껴와 수강생들에게 배포한 것이다. 미국에서 저작권이 등록된 시험 문제를 저작권자의 허락 없이 잡지와 단행본 등에 복제하여 사용하는 것은 저작권 침해에 해당한다.

이 사건에서 시험 문제가 외부에 공표된 것인지 그렇지 않은지 여부가 논란이 되었다. 공표는 저작물을 공연, 방송, 전시 또는 그 밖의 방법으로 일반 공중에게 공개하는 경우와 저작물을 발행하는 경우를 말한다. 토플 주관기관은 응시생들에게 문제지 유출을 허용하지 않고 회수하고 있다. 법원에서는 제한된 범위의 응시생들이 토플시험을 치르는 행위만으로는 토플 문제가 공표되었다고 보지 않았다(서울중앙지법 1993. 10. 15. 선고, 92가합35610 판결).

성명표시권

저작물에는 반드시 저작자 표시를 해야 한다. 저작자는 자신이 창작한 저작물에 대해 성명을 표시할 권리가 있다. 실명뿐만 아니라 저작자가 표기하는 필명이나 다른 이름(이명)을 기재해도 된다.

"반드시 실명을 표기할 필요는 없다"

성명을 표시하지 않거나 다른 사람의 이름을 기재하는 경우에는 저작자의 성명표시권을 침해하게 된다. 저작자의 이름 대신 유명한 다른 사람의 이름을 빌려와 기재하는 것도 성명표시권 침해가 될 수 있다.

책의 경우 표지와 판권에 저작자 성명을 기재한다. 저작자 성명을 쓰기 어려울 때에는 그 저작물의 이용 목적과 형태에 따라 적절하게 표시하면 된다.

동일성유지권

해당 저작물의 내용, 형식 및 제호(제목)의 동일성을 유지할 권리를 말한다. 저작물을 함부로 변형하거나 훼손하면 저작자의 동일성유지권을 침해하게 된다. 즉 '원작 그대로' 출판해야 하며 저작자의 허락 없이 출판사에서 임의로 수정하거나 변경하면 안 된다.

"단순한 오탈자를 고치는 행위는 동일성에 손상을 주지 않는다"

제목이나 내용의 중요한 부분을 바꾸면 원본과 비교하여 동일성이 유지되지 않는다고 본다. 원문과 다르게 보이기 위해 유사한 단어와 토씨를 약간 바꾸면 괜찮다고 생각하기 쉬운데 그렇지 않다. 동일성 범위 내에 있으므로 저작권 침해가 될 수 있다.

간혹 일부 저자가 맞춤법에 맞도록 교정한 원고에 대해 동일성유지권을 침해했다고 트집을 잡는 경우가 있다. 작품의 동일성을 해쳤다는 주장인데, 대개 오해이거나 출판계약을 파기하려는 의도가 숨어 있는 행동일 수 있다. 오탈자를 고치는 정도는 동일성이 유지되므로 허용된다. 출판사는 실무적으로 교정 교열이 끝난 원고에 대해 저작자의 최종 확인을 받고 있다. 최종 확정된 원고에 저작자의 확인 도장을 받는다면 분쟁의 소지를 차단할 수 있다.

저작자 사망 후 인격권 보호

저작자가 사망한 후라도 그 저작자가 생존해 있었더라면 저작인격권 침해가 될 행위를 해서는 안 된다. 저작인격권은 저작자의 사망과 함께 소멸되지만 유족들에게 일정한 권리를 인정해주고 있다. 저작자 사후에 동일성 변경과 같은 일이 발생하여 고인의 명예가 훼손되는 경우, 유족들은 침해 금지 또는 명예 회복을 위한 조치를 청구할 수 있다.

소설 《무궁화 꽃이 피었습니다》 사례

실존했던 사람을 주인공으로 소설을 창작할 때 모델이 되는 사람의 명예를 훼손할 우려가 있다. 그런 경우에는 명예 훼손 또는 인격권 침해를 이유로 그 소설의 출판 금지를 신청할 수 있다. 다만 헌법상 예술과 출판의 자유가 보장되어 있으므로 곧바로 출판이 금지되지는 않는다. 법원에서 구체적인 사실관계를 검토한 후 출판 금지 여부를 판결한다.

《무궁화 꽃이 피었습니다》는 핵물리학자 이휘소를 모델로 한 소설로서 전반적으로 이휘소에 대해 매우 긍정적으로 묘사하고 있다. 이휘소를 모델로 한 주인공의 모습이 이휘소의 실제 생활과 달리 묘사되어 유족들의 주관적인 감정에서 부분적으로 이휘소의 명예가 훼손되었다고 여겨질지라도 소설의 전체 내용에 비추어 사회통념상 이휘소의 명예가 훼손되었다고 볼 수 없다. 또한 작가들에게 이휘소의 명예를 훼손시키려는 의사가 있었다고 인정하기 어렵다. 그러므로 이휘소나 유족들의 인격권 또는 프라이버시가 침해되었다고 보지 않았다(서울중앙지방법원 1995. 6. 23. 선고 94카합9230 판결).

7. 저작권자의 경제적 이익, 저작재산권

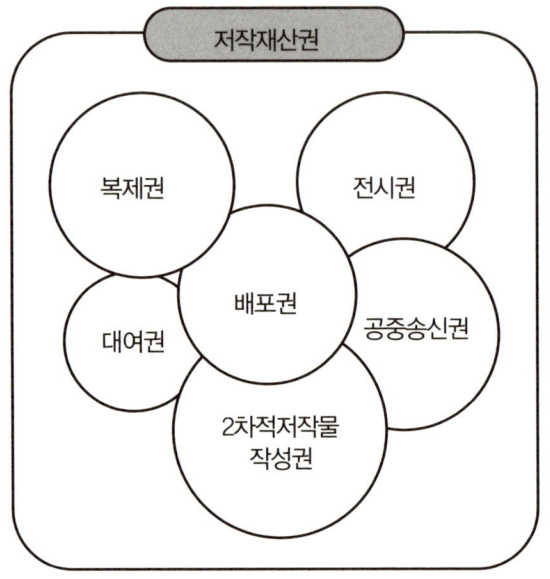

 저작자는 저작물을 복제하여 다른 사람이 이용하게 함으로써 경제적 이익을 얻을 수 있다. 즉 저작물을 책으로 출판하여 저작권료 수입을 올린다. 이렇게 저작자의 경제적 이익에 관련된 저작권을 '저작재산권'이라고 한다. 저작재산권은 양도 가능하며 이용허락계약을 통해 저작물의 출판을 허락할 수도 있다. '이용허락'이란 저작물 이용자가 저작권료를 지불하고 저작물을 사용하는 것을 의미한다.

저작재산권의 종류

저작권은 여러 권리의 묶음이다. 저작자에게 금전적 이득이 되는 권리가 저작재산권이다. 저작물을 책으로 출판하여 판매하는 것은 복제와 배포에 해당하는데, 이런 행위에 대한 권리가 '복제권'과 '배포권'이다. '전시권'은 미술저작물 등의 원본이나 복제본을 전시할 권리이고, '공중송신권'은 불특정다수가 저작물에 수신하거나 접근할 수 있게 하려고 유무선 통신으로 저작물을 이용할 수 있도록 하는 권리이다.

'2차적 저작물 작성권'은 저작물을 변형하여 새로운 형태로 이용할 수 있게 하는 것이다. 예를 들어 원작 소설을 영화로 만들었다면 영화가 바로 2차적 저작물이다. 경제적 이익 측면에서 보면 저작자에게 가장 중요한 권리라고 하겠다. 이처럼 저작권 안에는 복제권, 배포권, 공중송신권 같은 다양한 권리들이 들어 있다.

복제권

저작자가 자신의 저작물을 복제하고, 타인에게 복제를 허락하거나 금지할 수 있는 권리이다. 복제란 인쇄, 사진 촬영, 복사, 녹음, 녹화, 그 밖의 방법으로 일시적 또는 영구적으로 유형물에 고정하거나 유형물로 다시 제작하는 것을 말한다. 저자의 원고를 책으로 만드는 일이 복제 행위이다.

Q 인터넷에 돌아다니는 사진들은 마음대로 써도 될까? 복사 방지된 사진은 안 되지만 '캡처'해서 쓰는 것은 괜찮지 않을까?

A 인터넷에 게시되어 있는 사진들 중에서 창작성이 있는 사진에는 저작권이 있다. 누구인지 모르는 사람이 운영하는 블로그나 사이트라도 저작권은 존재한다. 누구나 이용할 수 있거나 손쉽게 볼 수 있다고 해서 마음대로 사용해도 된다는 의미는 아니다. 인터넷 화면을 저장(캡처, capture)하여 사용한다는 것은 결국 사진을 그대로 복제하는 행위이므로 저작권 위반이 된다. 어떤 사람들은 자신이 '캡처'했다는 사실에 주목하여 자신의 노력이 들어갔으므로 '캡처한 사진'은 자신의 것이라고 굳게 믿는 듯하다. 하지만 '캡처'가 바로 복제 행위이다. 사진의 출처 표시를 하면서 '캡처'라고 기재한 것을 자주 볼 수 있는데, 이는 출처를 나타내는 공식적 표시가 아니다. 화면을 저장했다는 의미로 '캡처'라고 하는데, 영어를 소리 나는 대로 한국어로 적은 것이므로 바람직하지 않은 표현이다. 사진의 출처 또는 저작자를 쓰는 것이 올바른 표기 방법이다.

예) KBS1 〈사랑이 꽃 피는 나무〉 드라마 캡처 (×)

　　KBS1 〈사랑이 꽃 피는 나무〉 드라마 (○)

KBS1 드라마 스샷 (×)

동아일보 사이트 캡처 (×)

동아일보 2016년 5월 1일 (○)

공연권

저작자가 자신의 저작물을 스스로 공연하거나 저작권자가 아닌 자에게 이를 허락할 수 있는 권리이다. 공연이란 저작물 또는 실연, 음반, 방송을 상연, 연주, 가창, 구연, 낭독, 상영, 재생, 그 밖의 방법으로 공중에게 공개하는 것이다. 연결된 장소 안에서 이루어지는 송신도 공연에 포함된다.

방송국에서 책을 읽어주는 프로그램이 늘고 있는데, 책 읽는 행위는 낭독에 해당하므로 공연 행위가 된다. 저작권자의 허락 없이 책의 상당한 분량을 그대로 읽어준다면 공연권을 침해할 수 있다.

강연 내용을 이용하여 강사의 허락 없이 출판하는 것은 저작권 침해일까? 강사의 강연도 저작물이다. 강연 내용에 창작성이 있는 경우 저작물성이 인정되므로 강연 내용을 그대로 수록해 출판한다면 저작권 침해가 될 수 있다.

공중송신권

일반 대중이 저작물을 수신하거나 접근하게 할 목적으로 무선 또는 유선통신 방법에 의해 저작물 등을 송신하거나 이용에 제공하거나 금지할 수 있는 권리이다. 공중송신은 방송, 전송, 디지털 음성수신을 포괄하는 개념이다. 출판사가 전자책을 제작하여 서점을 통해 볼 수 있게 하려면 먼저 저작권자의 공중송신권에 의한 이용허락을 받아야 한다.

전시권

미술저작물 등의 원본이나 복제물을 전시할 수 있는 권리이다. 미술저작물에는 미술저작물, 건축저작물 또는 사진저작물이 포함된다. 전시는 저작물을 일반인이 관람할 수 있도록 진열하거나 게시하는 것을 의미한다.

배포권

저작자가 저작물의 원본 또는 그 복제물을 스스로 배포하거나 다른 사람에게 이를 허락 또는 금지할 권리이다. 책을 제작하여 서점에 유통시키는 것은 배포행위에 해당한다. 무단으로 책을 발행하여 판매하면 배포권 위반이 된다.

대여권

최초 판매된 판매용 음반이나 컴퓨터 프로그램을 적법하게 구입한 사람이 영리적으로 대여할 수 있도록 허락 또는 금지할 권리이다. 책은 대여권이 없다. 저작권법이 대여권을 인정하고 있는 것은 판매용 음반과 컴퓨터 프로그램뿐이다. 만약 책에 대여권이 있다면 도서대여점에서 책을 대여할 때마다 저작권자는 저작권 사용료를 받을 수 있을 것이다.

책에 대한 대여권이 없으므로 '전자책 10년 대여 서비스'는 대여가 아니라 사실상 사용 기간 약정에 해당될 것이다. 물리적 실체가 없는 전자책을 종이책과 완전히 동일하게 취급하는 것은 문제가 있다.

2차적 저작물 작성권

원저작물을 다양한 형태의 2차적 저작물로 만들 수 있는 권리이다. 즉 원저작물을 번역, 각색, 변형하거나 영상으로 제작하는 등 다양한 방법으로 이용할 수 있는 권리이다. 외국 도서를 한글로 번역하여 출판한다면 외국 도서는 원저작물이고, 번역서는 2차적 저작물이 된다.

8. 저작물의 미래가치, 2차적 저작물 작성권

이 작가 | 만약 '구름빵' 사건의 경우 작가의 '2차적 저작물 작성권'을 출판사가 양도받지 않았더라면 어땠을까 생각해봤습니다.

박 편집장 | 그랬더라면 동화를 원작으로 만든 애니메이션이나 뮤지컬에 대한 권리를 작가가 인정받았을 겁니다. 그 출판사가 매절계약을 하면서 모든 권리를 전부 양도받았기 때문에 작가의 권리가 하나도 남지 않은 것이죠.

이 작가 | 저작권 양도 계약을 하더라도 2차적 저작물 작성권은 양도하지 않아도 되니까 계약할 때 신경을 써야 할 것 같습니다. 2차적 저작물 작성권이 작가에게는 참 중요한 권리네요.

박 편집장 | 출판사 방침은 바꾸기 어렵습니다. 관행적으로 모든 권리를 양도받아왔는데 이제 와서 일부 권리를 저자에게 남겨두려는 출판사는 찾기 어려울 것 같네요. 관행이 문제지요.

《해리포터》 원작 소설을 한국어로 번역 출간하면 그 번역서는

'2차적 저작물'이 된다. 2차적 저작물이란 원저작물을 번역이나 각색, 그 밖의 방법으로 가공한 창작물을 말하며 독자적인 저작물로 보호된다. 2차적 저작물을 작성할 때에는 원저작물의 저작자에게 이용허락을 받아야 한다. 해외 도서 에이전시를 통해 한국 내 판권계약을 하는 과정이 바로 '2차적 저작물 작성에 대한 이용허락계약'이다. 2차적 저작물 작성권이 저작자에게 있기 때문에 저작권 사용 계약을 해야 한다.

소설을 원작으로 하여 드라마를 제작했다면 드라마는 소설의 '2차적 저작물'에 해당한다. OSMU(One Source Multi Use) 상품 개발이 활발해지면서 2차적 저작물에 관한 권리가 중요해졌다. 원작과 2차적 저작물의 관계에 따라 저작권이 누구에게 있으며 이용허락을 누구에게 받아야 하는지 결정되기 때문이다. 저작자의 저작재산권 중에서 '2차적 저작물 작성권'이 가장 중요하다. 원작을 여러 형태로 변형해서 다양하게 사용할 수 있는 권리이기 때문이다.

출판도 책 이외의 다른 형태나 매체를 이용해 저작물의 활용 범위를 넓히려는 시도를 계속해왔다. 책을 가지고 캐릭터를 개발하거나 문구류 등에 접목시킨 상품이 대표적이다. 이처럼 저작물을 다양한 형태로 이용할 수 있는 권리가 2차적 저작물 작성권이다.

번역저작물(번역물)	편곡저작물
변형저작물	각색, 영상 제작 등

2차적 저작물의 종류

2차적 저작물은 독자적인 저작물로 보호된다. 외국 도서의 번역서는 그 외국 도서에 대한 2차적 저작물이므로 번역자는 번역문에 관한 저작권자가 된다. 번역서도 원저작물과는 별개의 저작권으로 보호된다.

2차적 저작물의 보호는 원저작물의 저작권에 영향을 미치지 않는다. 각각 보호되기 때문에 2차적 저작물이 있어도 원저작물의 저작권 범위는 축소되지 않는다. 또한 원저작권이 보호기간 만료로 소멸되더라도 2차적 저작물을 작성한 저작자를 기준으로 별개의 보호기간이 시작된다. 즉 소설을 번역하는 경우 원작 소설의 저작권이 만료되어 소멸하더라도 번역문의 저작권은 소멸되지 않고 남아 있을 수 있다. 번역자를 기준으로 저작권 보호기간을 계산하기 때문이다.

2차적 저작물은 원저작물을 이용하는 것이므로 2차적 저작물을 작성하려면 먼저 원저작자의 허락을 얻어야 한다. 원저작자의 동의를 받지 않고 2차적 저작물을 작성하면 원저작자의 저작권을 침해하게 된다.

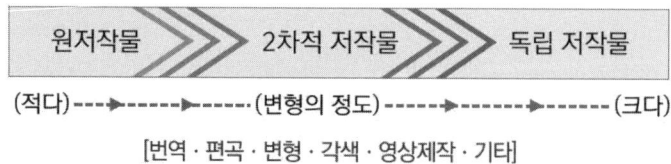

2차적 저작물이 저작권으로 보호받으려면 저작물이 갖추어야 할 요건을 모두 갖고 있어야 한다. 즉 원저작물과 상관없이 별도의 창작성이 있어야 한다. 원저작물의 저작권이 소멸되어도 2차적 저작물은 보호받을 수 있다. 예를 들어 저작권 보호기간이 만료된 생텍쥐페리의 소설 《어린 왕자》를 번역자가 다시 번역했다면, 번역자에게 저작권이 발생하므로 원작과 상관없이 별개의 저작물로 인정되어 보호된다.

실질적 변형

원저작물에 창의적인 변형을 가하여 새로운 저작물을 만들어 낸 것이 2차적 저작물이다. 즉 2차적 저작물로 인정되기 위해서는 원저작물과 비교하여 실질적 변형이 있어야 한다. 바뀐 표기법에 따라 맞춤법에 맞게 고치거나 용어를 약간 변형하는 정도라면 실질적 변형이 아니므로 사회통념상 별개의 저작물이라고 보기 어렵다. 2차적 저작물은 원저작물을 기초로 만들어졌지만 실질적 변형에 의해 창작성이 추가되었기 때문에 독립적으로 보호할 만한 가치가 있다.

2차적 저작물인지 판단하는 것이 중요한 이유는 침해당한 저작물이 원저작물인지 2차적 저작물인지에 따라 손해배상을 받을 수 있는 주체가 달라지기 때문이다. 저작권법에서는 2차적 저작물 작성에 관한 저작자의 권리를 두텁게 보호하고 있다. 저작권 양도계약을 하더라도 2차적 저작물 작성권에 관한 언급이 없으면 여전히 저작자에게 권리가 남아 있도록 정해놓은 것이다(저작권법 제45조).

만약 《구름빵》 작가가 저작권 양도계약을 할 때 '2차적 저작물 작성권'을 출판사에 양도하지 않았다면 어떻게 됐을까? 《구름빵》 후속 시리즈도 백희나 작가의 손에서 창작되고, 뮤지컬이나 애니메이션 등의 2차적 저작물에도 작가의 권리가 인정되어 저작권료가 지급되었을 것이다.

번역자의 저작권

소설가 한강씨의 소설 《채식주의자》가 세계 3대 문학상 중의 하나인 맨부커상(Man Booker Prize)을 수상했다. 이번 시상에서 특이한 것은 소설가와 번역가의 공동 수상이란 점이었다. 번역자의 역할을 중요하게 본 것이다.

번역은 2차적 저작물 작성 행위이므로 원저작물을 변형하여 창작성을 부가하는 일이다. 따라서 '제2의 창작'이라고 불릴 만큼 중요하다. 어떤 단어를 선택하여 번역했느냐에 따라 창작성이 인정된다. 원작을 번역하면 번역자에게 번역서에 대한 저작권이 발생한다. 외국 도서를 한국어로 번역하는 경우 한국어 번역서에 대한 저작권은 번역자에게 있다.

일반적으로 출판사는 번역에 대해 인세계약을 하거나 일괄 지급하는 양도계약(이른바 매절계약)을 한다. 계약서 없이 진행되는 경우 일종의 용역계약으로 해석할 수 있다. 번역 작업에 대한 용역을 번역자에게 의뢰하는 것이다. 이때 발생하는 번역서에 대한 권리는 실무상 출판사에게 이전되는 것으로 취급되지만 계약서가 없으면 법적으로 불안한 상태이다.

번역서에 대한 저작재산권이 출판사로 이전되더라도 번역자의 저작인격권인 성명표시권, 동일성유지권 등은 여전히 번역자에게 남아 있다. 대표적인 사례가 《마시멜로 이야기》 사건이다. 2006년에 《마시멜로 이야기》라는 책의 번역자가 따로 있다는 주장이 나와 번역 대필 논란이 벌어졌다. 《마시멜로 이야기》의 번역자로 기재된 사람은 유명 아나운서 겸 라디오 DJ였는데, 출판사가 마케팅 차원에서 실제 번역자가 아닌 아나운서의 이름을 번역자로 넣었다는 주장이 나왔다.

번역자는 2차적 저작물인 번역물에 대해 저작권이 있다. 다만 번역자로 표기된 사람이 저작자로 추정되므로, 실제로 번역한 사람이라도 자신이 번역했다는 것을 증명해야 번역자로 인정된다. 우여곡절 끝에 《마시멜로 이야기》의 번역자는 2명으로 변경되어 기재되었다. 이 사건은 출판계에 씁쓸한 기억을 남겼다.

9. 저작권 보호기간이 70년으로 늘어났다고?

저작권은 영원한 권리가 아니다. 일정 기간 동안에만 인정되고 그 기간이 지나면 소멸된다. 저작권이 소멸된 저작물은 누구나 자유롭게 사용할 수 있다. 많은 사람들이 자유롭게 저작물을 활용하여 문화 발전에 기여하도록 일정 기간이 지나면 저작권을 소멸시키는 것이다.

저작권은 저작자의 생존 기간을 포함하여 사망 후 70년까지 보호된다. 보호기간이 만료되면 저작권은 소멸한다. 보호기간은 저작자(창작자)를 기준으로 계산한다. 저작권을 양도하면 저작자와 저작권자가 서로 달라지는데, 이런 경우라도 양도받은 사람이 아니라 '저작자'를 기준으로 계산한다. 양도받은 사람을 기준으로 보호기간을 정한다면 양도할 때마다 저작권 보호기간이 늘어나는 문제가 있기 때문이다.

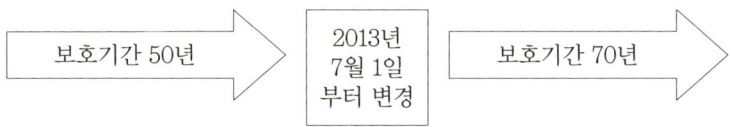

보호기간 70년은 2013년 7월 1일부터 시행되었다. 그 전에는 보호기간이 50년이었다. 보호기간이 70년으로 연장되기 전에 소멸된 저작권은 다시 부활하여 연장되지 않는다. 예를 들어 1962년 8월 9일에 세상을 떠난 헤르만 헤세의 작품에 대해 저작권 보호기간을 계산해보면, 1963년부터 기산(起算)하여 50년이 되는 해가 2012년이다. 따라서 보호기간이 70년으로 연장되기 전에 이미 만료된 헤세의 저작권은 연장되지 않고 소멸했다. 현재 헤르만 헤세의 작품은 저작권이 없다.

만약 1963년에 사망한 저작자의 경우는 사망 후 50년이 경과한 때가 2013년이 된다. 2013년에 소멸되어야 할 저작권이 법 개정으로 인해 사망 후 70년으로 연장된다.

1944년에 사망한 생텍쥐페리도 과거 저작권법에 의한 보호기간 50년이 지나 《어린 왕자》의 저작권은 소멸했다. 그러므로 이용허락을 받을 필요 없이 누구나 번역해서 출판할 수 있다. 즉 출판할 때 저작권료를 지급할 필요가 없다.

※ 저작권 보호기간 계산법

저작권 보호기간은 저작자 사망 후 70년까지이다. 보호기간은 역년주의에 의해 저작자가 사망한 다음 연도부터 기산한다. 사망한 다음 날부터 기산하는 것이 아니므로 주의해야 한다. 따라서 저작권은 저작자가 사망한 해의 다음 연도 1월 1일부터 70년이 되는 해의 12월 31일 자정에 소멸한다. 예를 들어 2001년 7월 4일에 사망한 저작자의 저작권 만료 시점은 2002년 1월 1일부터 70년 후인 2071년 12월 31일이다(계산식: 2001+70=2071).

아주 간단한 저작권 소멸 계산방법

과거의 저작권법이 적용되어 보호기간 50년으로 저작권이 소멸했는지 쉽게 계산하는 방법이 있다. 1962년까지 사망한 저작자는 과거 저작권법이 적용되어 보호기간이 50년이므로 저작권이 소멸했다. 반면 1963년부터 사망한 저작자는 보호기간이 70년으로 늘어나 저작권이 존재한다. '1962년'을 기억하면 저작권이 소멸했는지 여부를 좀 더 쉽게 판단할 수 있다.

저작권 소멸 (50년으로 만료)	어니스트 헤밍웨이(1961년 사망) 헤르만 헤세(1962년 사망)
저작권 존재 (70년으로 연장)	장 콕토(1963년 사망) 파블로 피카소(1973년 사망)

주의할 점은 원저작물의 저작권이 소멸하더라도 그 번역물의 저작권은 동시에 소멸하지 않는다는 것이다. 번역물은 원저작물과 별개로 저작권이 인정되기 때문이다. 저작권이 소멸한 저작물을 번역하면 번역자가 그 번역문에 대해 새롭게 저작권을 가지므로, 원저작물의 저작권이 소멸해도 번역문까지 자유롭게 사용할 수 있는 것은 아니다. 《어린왕자》의 번역문도 경우에 따라 저작권이 소멸하지 않았을 수 있다. 따라서 저작권이 소멸했다고 무턱대고 사용하다가는 의외의 복병을 만날 수 있다.

국가마다 저작권 보호기간이 다를 수도 있다. 외국인의 저작물인 경우 해당 국가에서 저작권 보호기간이 50년으로 만료되면 우리나라에서 70년으로 연장해 보호하지 않는다. 즉 보호기간이 50년인 국가에서 이미 소멸한 저작권은 우리나라에서도 보호하지 않는다. 참고로 일본, 중국, 대만 등은 보호기간이 50년이다. 단, 해당 국가에서 법을 개정하면 보호기간이 변경될 수 있다.

10. 가수는 저작권자가 아니다

　노래를 부르는 가수는 저작권자가 아니라 저작인접권자이다. '저작인접권'이란 저작물을 연주하거나 실연하여 전달하는 사람에게 인정되는 권리로 저작권과 유사하다. 실연자, 음반제작자, 방송사업자 등이 저작인접권자이다. 저작인접권은 그 실연을 하거나 그 방송을 한 때부터 발생하며, 실연과 음반은 70년, 방송은 50년 동안 보호된다(저작권법 제86조 보호기간).

　저작인접권을 보호하는 이유는 저작인접권자들이 저작물을 해석하고 전달하기 위해 창작적으로 기여하기 때문이다. 첼리스트 장한나의 연주는 클래식 음악을 해석하고 연주라는 형태로 저작물을 전달한다. 연주 과정에서 발생하는 연주자의 창작적 기여를 인정할 수 있다.

실연자

　실제로 연기하는 사람 또는 연주하는 사람을 말한다. 저작물을 연기, 무용, 연주, 가창 등 예능적인 방법으로 표현하는 것이 '실연'이다. 저작권이 소멸된 저작물일지라도 실연은 저작권법으로 보호된다. 연극 〈햄릿〉을 공연하면 원작의 저작권은 소멸되었지만 실제 연기하는 실연자의 저작인접권은 보호된다는 뜻이다.

음반제작자

음반이란 음이 유형물에 고정된 것을 말하며 음과 영상이 함께 고정된 것은 제외한다. 음반제작자란 녹음기술자를 의미하는 것이 아니라, 음반을 제작하는 데 전체적으로 기획하고 책임을 지는 사업자를 뜻한다.

방송사업자

방송을 업으로 하는 자가 방송사업자이다. 방송이란 공중 송신 중 일반인들이 동시에 수신하게 할 목적으로 음악이나 영상 콘텐츠를 송신하는 것을 뜻한다. 방송되는 내용이 반드시 저작물일 필요는 없다. 스포츠 중계도 방송으로 보호된다.

노래 '거위의 꿈'은 음악저작물이다. 이 노래의 작사가는 이적, 작곡가는 김동률이다. 음악의 저작권은 작사가와 작곡가에게 있다. 노래를 한 가수 인순이는 저작권자가 아니라 실연자가 된다. '거위의 꿈'을 음반으로 만든 사람이 음반제작자이다. 이 음반을 이용하여 방송사업자는 방송을 한다. 이처럼 저작권과 저작인접권은 다르지만 서로 관련되어 있다.

출판사에 저작인접권자의 지위는 없다. 사업 형태를 보면 출판사는 음반제작자와 유사하다. 책을 기획하여 저자와 함께 책을 출판하기 때문이다.

나는 출판제작자인 출판사에 저작인접권을 인정한다면 기획 출판물에 관한 출판사의 권리가 보호될 것으로 생각한다. 기획 출판물의 경우 저자가 투고하는 원고와 달리 출판사의 기획으로 원고가 시작된다. 제작비 투자도 더 많이 이루어진다는 점에서 출판사를 보호할 필요가 있다고 본다. 깊이 있는 연구가 필요한 사항이다.

**출판저작권
첫걸음**

03

출판사도 모르는 출판권

출 판 저 작 권
첫 걸 음

03

출판사도 모르는 출판권

1. 출판권이란 무엇인가?

박 편집장 | 출판권을 모르는 출판사 직원이 있을까요? 자기 출판사 권리인데요.

이 작가 | 출판권은 저자가 출판사에 설정해주는 권리니까 엄밀하게 따지면 출판사 고유의 권리는 아니죠. 더구나 출판권 등록도 하지 않으니까요.

박 편집장 | 출판권 등록이오? 저작권 등록은 들어봤지만 출

판권 등록은 처음 들어요. 출판권은 출판계약을 해서 생긴 것인데 굳이 등록을 해야 하나요?

이 작가 | 등록이 의무 사항은 아니죠. 하지만 등록을 해두면 뭔가 좋은 일이 있지 않을까요?

박 편집장 | 출판권 등록을 했을 때 출판사에 실질적인 혜택이 있는지 모르겠어요. 등록비용이 들어가기 때문에 혜택이 확실하게 있어야 등록할 것 같습니다.

출판사에 근무하는 사람들은 '출판권'이 출판사의 고유한 권리라고 굳게 믿는 것 같다. 출판사에서 책을 만들기 때문에 당연히 출판권은 출판사의 것이라고 여기게 된 것으로 보인다. 하지만 출판권은 출판사의 고유한 권리가 아니다. 출판권은 저작권자가 출판사에 그 저작물을 출판할 수 있도록 허락해주면 발생하는 권리로, 계약기간 동안에만 유효하다. 출판사에서 책을 만든다는 이유로 저작권자와 독립적으로 발생하는 권리가 아니다.

출판은 글, 그림 또는 사진 등으로 구성된 저작물을 책으로 만드는 과정이다. 저작권자는 출판사와 출판계약을 맺고 책을 발행함으로써 경제적 이득을 얻을 수 있다. 저작권자와 출판사는 출판계약을 할 때 계약 자유의 원칙에 따라서 어떻게 출판할 것인지 협의하여 계약 내용을 정할 수 있다.

> 저작물을 복제·배포할 권리를 가진 '복제권자'는 그 저작물을 인쇄, 그 밖의 이와 유사한 방법으로 문서 또는 도화로 발행하고자 하는 출판사에 대하여 '출판권'을 설정할 수 있다. 출판사는 출판계약 내용에 따라 해당 저작물을 '원작 그대로' 출판할 권리를 가진다(저작권법 제63조 출판권의 설정).

일반적인 출판계약 형태에는 단순한 출판허락계약과 출판권 설정계약이 있다. 출판권 설정계약에 의한 출판권을 한국저작권위원회에 등록하면 제3자에 대해 대항력이 발생한다. 저작권자는 그 저작물을 인쇄, 그 밖에 유사한 방법으로 문서 또는 도화로 발행하고자 하는 출판사에 대하여 출판권을 설정할 수 있다. 저작물을 이용하는 대표적인 방법이 출판이다.

출판사의 출판권은 계약기간 동안에만 유효하다. 저작권자와 출판계약을 종료하면 출판권도 소멸한다. 출판권을 등록하면 배타적이고 독점적인 성질을 갖게 되어 다른 사람이 무단으로 책을 출간하면 출판사가 직접 그 출판 행위를 금지할 수 있다. 반면 출판허락계약의 경우에는 계약기간 동안 책을 출판할 수 있는 채권적인 권리에 해당할 뿐이다. 출판권을 설정할 때 계약기간도 정할 수 있다. 기간을 정하지 않으면 출판권은 3년간 존속하는 것으로 간주한다. 계약기간이 명확하지 않으면 저작권 분쟁이 생길 수 있으므로 출판계약을 할 때 계약기간을 협의하여 정하는 것이 좋다.

출판계약은 법적인 성질에 따라 크게 네 가지 종류로 구분할 수 있다. ① 단순 출판허락계약, ② 독점적 출판허락계약, ③ 출판권 설정계약, ④ 저작재산권 양도계약 등이다.

출판허락계약은 단순 출판허락계약과 독점적 출판허락계약으로 나누어볼 수 있다. 단순 출판허락계약은 독점적 출판계약이 아니므로 저작권자는 동일한 저작물을 여러 출판사와 계약하여 출판할 수 있다. 판매 지역을 다르게 하여 계약할 수도 있다. 반면 독점적 출판허락계약은 한 출판사만 독점적으로 출판하기로 하는 계약이다. 같은 책이 다른 출판사에서도 나오면 독자들에게 혼란을 주기 때문에 출판사에서 가장 많이 하는 계약 형태이다.

저작재산권 양도계약은 저작재산권 전부를 양도하는 계약을 말한다. 일부 양도도 가능하지만 실무에서 활용도가 낮다. 출판사 입장에서 저작재산권을 전부 양도받을 수 있는데 굳이 일부 권리만 양도받으려 하지 않을 것이기 때문이다. 저작권을 양도받은 출판사가 저작권을 갖고 원래 저작권자의 저작권은 소멸한다. 다만 저작인격권은 양도가 불가능하므로 여전히 저작자에게 남아 있다. 저작권 양도에 기간을 정하는 기한부 저작권 양도계약도 이론상으로는 가능하다. 하지만 이런 계약 형태는 출판권 설정계약과 거의 유사하므로 출판사에 큰 실익이 없다.

출판권을 설정하면 책의 판권에 출판권을 설정했다는 표시와 발행자인 출판사를 기재한다. 이때 판권은 '출판권'을 의미한다. 게임업계 또는 완구업계에서는 판권을 제품 '판매권'의 의미로도 사용한다. 줄임말을 쓸 때에는 같은 용어라도 업종이 다른 경우 그 의미가 상이할 수 있으므로 주의해야 한다.

2. 출판사의 의무와 저작권자의 권리

저자와 출판사가 상호 합의하여 출판권 설정계약을 하면 각각 의무와 책임이 뒤따른다. 저자는 기한 내에 원고를 출판사에 전달해야 하고, 출판사는 원작 그대로 출판해야 한다.

1) 출판사가 지켜야 할 의무

원작 그대로 출판할 의무

출판권을 설정받은 출판사(출판권자)는 그 저작물을 원작 그대로 출판할 권리를 가진다. '원작 그대로'는 개작을 못한다는 의미이므로 오탈자를 교정하거나 맞춤법에 맞게 교열해도 무방하다. 법 규정을 지나치게 글자 그대로 해석하면 오해를 부를 수 있다. 원고는 최종 결과물이 아니라 책을 만들기 위한 재료로써 중간 산출물로 보는 것이 적절하다.

원고를 받은 날로부터 9개월 이내에 출판할 의무

출판사는 별도의 특약이 없다면 원고를 받은 날로부터 9개월 이내에 출판해야 한다. 원고를 받은 출판사가 정당한 사유 없이 발행을 지연시켜서는 안 된다. 9개월 이내에 출판하지 못할 사정이 있다면 저작자와 협의하여 발행 시기를 조정할 수 있다.

계속 출판할 의무

출판사는 계약기간 동안에 품절이나 절판시켜서는 안 되고 지속적으로 출판해야 한다. 그 책을 찾는 독자가 서점에서 책을 구입할 수 있도록 해야 한다는 의미이다.

복제권자 표시 의무

복제권자는 저작권자를 의미한다. 출판사는 각 출판물에 복제권자의 표시를 해야 한다. 이는 책에 저작권자의 '인지'를 붙이는 것을 말하며, 저작권자와 협의하여 인지 첨부를 생략할 수 있다.

증쇄/재판 인쇄하는 경우 저작자에게 사전 통지할 의무

출판사는 책을 추가 인쇄할 때 특약이 없는 한 저작자에게 사전 통지할 의무가 있다(제58조의2 ②). 이것은 저작자가 저작물에 대해 내용을 수정, 증감할 수 있도록 하기 위한 규정이다. 출판 이후 시간이 지남에 따라 내용을 수정해야 할 수도 있기 때문이다. 이 의무를 위반하는 경우 저작권법은 500만 원 이하의 벌금에 처한다고 규정하고 있다(제138(벌칙)조4호). 제재 규정이 있다면 출판사에 상당히 부담이 될 수 있다. 수정 작업을 하는 데 비용이 추가로 들어가기 때문이다. 다행히 이 법 조항은 임의 규정이므로 협의하여 생략할 수 있다.

복제권자는 출판권 존속기간 중 그 출판권의 목적인 저작물의 저작자가 사망한 때에는 저작자를 위해 저작물을 전집 또는 그 밖의 편집물에 수록하거나, 전집 또는 그 밖의 편집물의 일부인 저작물을 분리하여 이를 따로 출판할 수 있다.

Q 계약기간이 끝났을 때 남은 재고는 계속 판매할 수 있을까?

A 출판권이 계약기간 만료나 합의 해지 등의 사유로 소멸한 경우, 출판사는 특약이 있거나 출판권의 존속기간 중 저작권자에게 그 저작물의 출판에 따른 저작권료(인세)를 지급하고 책을 배포하는 경우를 제외하고는 그 출판권의 존속기간 중 만들어진 책을 배포할 수 없다. 이미 제작한 책을 출판계약 만료로 더 이상 판매할 수 없다면 출판사에는 큰 손해이다. 그러므로 계약이 만료되어도 남은 재고는 판매할 수 있도록 특약 사항으로 정해야 한다.

2) 저작권자의 권리

출판권 소멸 통고

저작권자는 출판사에 대해 출판권을 설정할 수 있다. 즉 출판사가 원고를 받은 날로부터 9개월 이내에 출판하지 않거나, 계속 출판하지 않을 때에는 6개월 이상의 기간을 정하여 출판할 것을 요구할 수 있다. 만약 그 기간 내에 출판하지 않을 때에는 출판권의 소멸을 통고할 수 있다. 출판사가 출판이 불가능하거나 출판할 의사가 없음이 명백한 경우에도 즉시 출판권의 소멸을 통고할 수 있다. 이렇게 출판권의 소멸을 통고한 경우에는 출판권자가 통고를 받은 때에 출판권이 소멸한 것으로 본다.

출판권 설정계약에 의한 출판권

출판사는 저작권자와 출판권 설정계약을 하고 이를 한국저작권위원회에 등록하면 이용허락에 의한 출판권과 법적 성질이 다른 출판권을 갖게 된다. 이 출판권의 법적 성질은 배타적·독점적 권리이다. 출판권이 설정되면 출판사는 저작자의 이중계약을 막을 수 있고, 제3의 출판사가 동일한 내용으로 책을 출판하면 출판 금지 및 손해배상 청구를 할 수도 있다.

출판권계약을 등록하지 않으면 단순한 출판허락계약이며 이는 채권적 권리에 불과하다. 책과 관련해서 법적인 문제가 생겨도 출판사는 직접 권리행사를 할 수 없게 된다. 중요한 책이라면 반드시 출판권을 등록해야 안전하다.

저작자가 저작권을 위반하면 출판사의 책임은?

출판된 책이 다른 책의 내용을 무단으로 베껴 저작권을 침해했을 때에는 출판사도 저작자와 함께 공동 책임이 있는지 문제될 수 있다. 일반적으로 출판계약을 할 때 저작물의 내용에 대한 저작권 책임은 전적으로 저작자에게 있다. 저자가 저작권을 위반하는 경우 출판사가 책임지지 않는다는 조항을 계약서에 삽입하기도 한다. 그렇더라도 그 저작물 출판에 고의 또는 과실이 있다면 출판사도 공동 책임을 질 수 있다.

출판사가 책에 있는 모든 내용에 대해 저작권 위반 여부를 조사하기란 대단히 어렵다. 그래도 유사한 책들에 대해 조사하고 정보를 수집해야 한다. 책 내용이 다른 사람의 저작권을 침해한다는 것을 알거나, 알 수 있었을 때에는 저작권 침해에 대해 법적인 책임을 져야 한다.

공동 불법행위로 출판사가 손해배상을 하는 경우 저자와 출판사의 관계는 어떻게 될까? 일반적인 출판계약서에 따르면 저작권 문제에 관한 한 저자가 책임을 지므로 사후 정산 절차가 뒤따르게 된다. 즉 출판사가 배상한 손해금을 나중에 저자가 배상해야 한다. 그만큼 저자는 원고에 대해 책임을 져야 한다.

3. 전자출판을 위한 권리, 배타적발행권

저작권법의 모든 내용은 전자책에도 적용된다. 전자출판에 관한 권리는 '배타적발행권'이다. 배타적발행권에 관한 저작권법 조항은 종이책에 관하여 그대로 적용되므로 전자책과 종이책의 출판은 같은 내용이라고 생각하면 쉽게 이해할 수 있다.

저작물을 발행하거나 복제·전송할 권리를 가진 저작권자는 그 저작물을 발행 등에 이용하려는 출판사에 '배타적발행권'을 설정할 수 있다. 전자책 출판계약을 하려면 배타적발행권 설정계약을 해야 한다. 배타적발행권은 출판사나 저자 모두에게 생소한 용어이다. 이 권리의 명칭을 그냥 '전자책출판권'이라고 했으면 아주 쉽게 이해할 수 있었을 것이다.

배타적발행권은 한미FTA 체결을 위해 미국 저작권법과 우리나라 저작권법 체계를 맞추기 위해 신설되었다. 제3자의 불법복제를 적극적으로 막고 저작권 사업을 안정적으로 발전시키기 위한 취지로 개정되었다고 한다.

과거의 저작권법에는 출판권에 대하여 저작물을 '인쇄 그 밖에 이와 유사한 방법으로 문서 또는 도화로 발행하는 것'만을 인정했다. 즉 종이책에 대해서만 규정이 있었다. 점차 전자책이 확산되면서 '발행'이라는 개념을 도입하여 전자책 출판에 관한 권리관계를 명확하게 하였다.

등록된 배타적발행권은 배타적 성질을 갖는 권리이다. 모든 제3자에 대하여 독점적 권리를 주장할 수 있으므로 다른 사람이 무단으로 저작물을 이용하면 배타적발행권이 있는 출판사가 그 제3자를 대상으로 '직접' 저작권 침해소송을 할 수 있다. 배타적발행권을 등록하지 않았다면 출판사가 직접 저작권 침해소송을 할 수 없다.

저작재산권자는 그 저작물에 대하여 발행 등의 방법 및 조건이 중첩되지 않는 범위 내에서 새로운 배타적발행권을 설정할 수 있다.

배타적발행권자(출판사)의 의무

배타적발행권자는 배타적발행권의 목적인 저작물을 복제하기 위하여 필요한 원고 또는 이에 상당하는 물건을 받은 날부터 9월 이내에 이를 발행 등의 방법으로 이용하여야 한다. 특약을 정해 이 기간을 줄이거나 연장할 수 있다. 출판관행에 따라 그 저작물을 계속하여 발행해야 한다. 특약이 없는 한 각 복제물에 저작재산권자의 표지를 해야 한다.

저작물의 수정·증감

배타적발행권자가 배타적발행권의 목적인 저작물을 발행 등의 방법으로 다시 이용하는 경우에 저작자는 정당한 범위 안에서 그 저작물의 내용을 수정하거나 증감할 수 있다. 배타적발행권자는 배타적발행권의 목적인 저작물을 발행 등의 방법으로 다시 이용하고자 하는 경우에 특약이 없는 때에는 그때마다 미리 저작자에게 그 사실을 알려야 한다.

배타적발행권의 존속기간

배타적발행권은 그 설정행위에 특약이 없는 때에는 맨 처음 발행 등을 한 날로부터 3년간 존속한다. 다만 저작물의 영상 제작을 위해 배타적발행권을 설정하는 경우에는 5년으로 한다.

저작재산권자는 배타적발행권 존속기간 중 그 저작자가 사망한 때 저작자를 위하여 저작물을 전집 그 밖의 편집물에 수록하거나 전집 그 밖의 편집물의 일부인 저작물을 분리하여 이를 따로 발행 등의 방법으로 이용할 수 있다.

배타적발행권의 소멸 통고

저작재산권자는 배타적발행권자가 의무를 위반한 경우에는 6개월 이상의 기간을 정하여 그 이행을 최고하고 그 기간 내에 이행하지 아니하는 때에는 배타적발행권의 소멸을 통고할 수 있다.

저작재산권자는 배타적발행권자가 그 저작물을 발행 등의 방법으로 이용하는 것이 불가능하거나 이용할 의사가 없음이 명백한 경우에는 즉시 배타적발행권의 소멸을 통고할 수 있다. 배타적발행권의 소멸을 통고한 경우에는 배타적발행권자가 통고를 받은 때에 배타적발행권이 소멸한 것으로 본다. 저작재산권자는 배타적발행권자에 대하여 언제든지 원상회복을 청구하거나 발행 중지로 인한 손해배상을 청구할 수 있다.

배타적발행권 소멸 후 복제물 배포

배타적발행권이 그 존속기간의 만료 그 밖의 사유로 소멸된 경우, 그 배타적발행권을 가지고 있던 자는 그 배타적발행권의 존속기간 중 만들어진 복제물을 배포할 수 없다. 다만 배타적발행권 설정행위에 특약이 있는 경우, 배타적발행권의 존속기간 중 저작재산권자에게 그 저작물의 발행에 따른 대가를 지급하고 그 대가에 상응하는 부수의 복제물을 배포하는 경우에는 배포가 가능하다.

전자책은 무형물이므로 실무에서는 복제물의 배포를 이용 횟수 또는 접속 횟수로 보거나 복제(copy)한 횟수를 파악하여 정하게 된다.

4. 저작권, 출판권, 배타적발행권 등록 방법

저작권을 등록하지 않아도 저작권은 발생한다. 그렇다면 왜 저작권을 등록하는 것일까? 저작물은 형체가 없는 무형물이기 때문에 저작권 침해가 발생하기 쉽다. 저작권을 등록하면 저작권 보호를 더욱 강하게 받을 수 있다.

저작권 등록이란 저작물에 관한 일정한 사항(저작자 성명, 창작연월일, 맨 처음 공표연월일 등)과 저작재산권의 양도, 처분 제한, 질권 설정 등 권리 변동에 대한 사항을 '저작권 등록부'라는 공적인 장부에 등재하고 일반 국민에게 공개, 열람하도록 공시하는 것을 말한다. 저작권을 등록하면 저작권법에서 부여하는 법률적 효력이 발생한다. 법률적 효력 발생의 목적은 저작자의 권리를 쉽게 보호하려는 것이다. 또한 저작물 공시에 따른 홍보 효과도 있다.

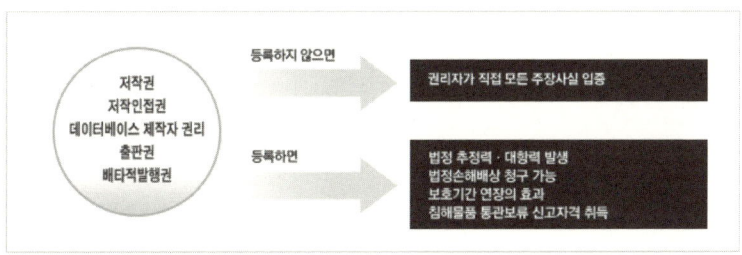

한국저작권위원회(www.copyright.or.kr)

저작자로 성명이 등록된 자는 그 등록 저작물의 저작자로 추정된다. 저작물의 창작연월일과 공표연월일 등 해당 사실을 등록하면 저작권법에서 부여하는 추정력을 받게 된다. 저작물을 창작한 때로부터 1년 이내에 등록해야 추정력이 있다.

등록된 저작권을 침해한 자는 그 침해행위에 과실이 있는 것으로 추정을 받는다. 등록을 하지 않았다면 권리자는 본인이 주장하는 사실을 직접 입증해야 한다. 등록한 경우에는 등록된 추정사실에 대한 입증 책임이 면제된다. 그러므로 추정사실을 부인하려는 사람이 법률상 추정을 번복할 증거를 제시해야 한다. 이외에도 저작권을 등록하면 다음과 같은 장점들이 있다.

대항력

권리 변동 사실을 등록하지 않아도 권리 변동의 당사자 사이에는 변동의 효력이 발생한다. 하지만 당사자가 아닌 제3자가 권리 변동 사실을 모르거나 부인할 때에는 제3자에 대해 변동행위가 있었음을 주장할 수 없다. 저작재산권 변동 사실이나 출판권 설정 등을 등록하면 이러한 사실에 대해 제3자에게도 대항할 수 있다.

법정 손해배상 청구

민사소송에서는 원고가 실제 발생한 손해를 입증해야 손해배상을 받을 수 있다(저작권법 제125조의2 법정손해배상의 청구). 그러나 저작물을 등록했다면 실제 손해를 입증하지 않은 경우라도 저작권법에서 정한 일정한 금액(저작물마다 1,000만 원, 영리를 위해 고의적으로 한 경우 5,000만 원 이하)을 손해액으로 인정받을 수 있다.

보호기간 연장

무명 또는 널리 알려지지 않은 이명(異名)으로 공표한 저작물의 경우, 저작자가 실명을 등록하면 저작물의 보호기간이 공표 후 70년에서 '저작자 사후 70년'으로 연장된다. 업무상 저작물이나 영상저작물의 경우, 공표연월일을 등록하면 창작 후 70년에서 '공표 시 기준으로 70년'까지 보호기간이 연장된다.

이중계약 방지 효과

저작권 양도 또는 출판권 설정을 등록하지 않은 경우 저작자가 이중계약을 할 수도 있다. 이중계약 자체는 무효가 아니므로 계약금을 더 높게 부르는 곳이 나타나면 이중계약을 할 우려가 있다. 실제로 출판업계에서 종종 일어나는 일이다. 출판 브로커가 끼어들어 이미 계약한 저작자에게 다른 출판사로 계약을 이전하라고 부추기기도 한다. 저작자의 이중계약을 막으려면 출판계약에 대해 출판권 설정 등록을 하면 된다.

침해물품 통관 보류 신고 자격 취득

저작권 등록을 한 자는 세관에 저작권 등록 사실 등을 신고하여 침해물품의 수출입에서 자신의 저작권을 보호받을 수 있다.

저작권, 출판권, 저작권자 변경 등 저작권과 관련된 각종 권리 및 권리의 변동 사항은 한국저작권위원회에서 등록할 수 있다. 필요한 서류를 준비하여 직접 가서 등록하거나 웹사이트를 이용해 온라인으로 등록할 수도 있다.

한국저작권위원회 저작권 등록 페이지

권리 등록	저작권 / 저작인접권 / 데이터베이스(DB) 제작자 권리
권리변동 등록	권리 양도 / 처분 제한 / 질권 설정 등 등록 / 출판권 또는 배타적발행권 설정 / 양도 / 처분 제한 / 질권 설정 등
변경 등록	등록 사항 변경 / 경정 / 말소 / 말소 회복

등록할 수 있는 사항들

저작권 등록 절차는 ① 등록 대상 확인, ② 신청 접수, ③ 등록 기관 심사, ④ 결과 통보 등 4단계로 진행된다.

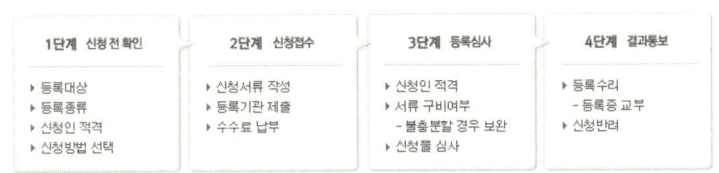

준비 서류는 등록 신청서, 등록할 대상인 저작물, 신분증, 수수료 결제, 위임받아 신청할 경우 위임장 등이다. 각 신청서마다 필요한 사항들을 확인하여 준비한다.

등록 대상 확인

저작권 등록신청서가 접수되면 한국저작권위원회는 등록의 대상 및 종류, 신청인 적격 등을 확인한다. 등록하고자 하는 신청물이 저작물 등록 대상에 해당하는지, 어떤 종류의 신청인지 등을 심사하게 된다. 등록은 저작물마다 등록을 하는 '1저작물 1등록'이 원칙이다. 여러 개의 저작물이나 권리 변동을 등록하려면 각각 신청해야 한다. 또한 정당한 권리가 있는 적격한 등록권리자나 등록의무자만이 등록을 신청할 수 있다.

신청 접수

신청서류 작성과 제출은 직접 방문 접수, 등기우편 접수, 온라인 접수 모두 가능하다. 온라인으로 접수할 때에는 공인인증서로 본인 확인을 하며, 온라인 등록신청 메뉴에서 신청서를 작성하고 수수료 등을 결제하면 접수 완료된다. 방문 접수하려면 한국저작권위원회에 직접 방문하여 등록담당자를 찾으면 된다. 우편으로 접수할 때에는 한국저작권위원회 등록담당자 앞으로 서류를 발송하면 된다.

등록기관 심사

등록기관의 심사 신청이 접수되면 심사 단계를 거친다. 등록에 필요한 서류가 첨부되지 않는 등 서류와 요건에 하자가 있으면 서류 보완 요청을 하거나 신청을 반려한다. 등록 처리기간은 업무일 기준으로 4일이다. 서류 보완을 완료하면 등록 심사 절차가 다시 진행된다.

결과 통보

등록담당자가 해당 신청의 최종 결과를 통보해준다. 등록이 완료되면 등록증이 나온다. 저작권 등록증은 직접 수령(위원회 방문), 우편 수령, 인터넷 출력 중에서 선택할 수 있다. 등록이 반려되면 신청 당시 제출한 서류도 모두 반환받을 수 있다.

저작물 등록 수수료는 접수 시 납부해야 하고, 등록이 되는 경우 등록면허세를 납부해야 한다. 10건 이상 다량으로 등록하는 경우 수수료를 할인받을 수 있다. 수수료와 면허세는 변동될 수 있으므로 정확한 금액은 그때그때 한국저작권위원회에 확인해봐야 한다.

저작재산권(출판권, 배타적발행권 등) 양도를 등록하는 경우, 인지세법에 의하여 계약서나 기타 이를 증명하는 문서에 정부수입인지를 첨부해야 한다. 인지는 우표처럼 생겼고 우체국에서 판매한다.

**출판저작권
첫걸음**

04

무료로 저작물을 사용하려면?

출판저작권
첫 걸 음

04

무료로 저작물을 사용하려면?

1. 무료로 쓸 수 있는 저작물

이 작가 | 무료로 다른 사람의 글이나 사진을 쓸 수 있는 방법이 있다고요? 요즘 세상에 그런 게 있을까요? 괜히 표절 시비에 걸릴까봐 걱정됩니다.

박 편집장 | 저작권이 없는 글이라면 자유롭게 사용할 수 있고요. 저작권이 있더라도 사용 방법에 따라 무료로 쓸 수 있어요.

이 작가 | 책을 쓰다 보면 다른 책에 있는 도표를 인용하고 싶

은 순간이 있어요. 표 하나 가지고 일일이 이용허락을 구하기도 어렵고요. 연락도 잘 안 돼서 고민이었는데 잘됐네요. 이제부터는 마음껏 다른 사람의 글을 인용해야겠어요.

박 편집장 | 너무 많은 분량은 안 되고 최소한도로만 인용해야 인정됩니다. 무작정 갖다 쓰시면 안 되고요. 토씨만 살짝 고쳐서 자기 글인 것처럼 투고하는 경우도 있는데 저작권 위반이 될 수 있어요.

찾아보면 의외로 공짜 저작물들이 많다. 모든 창작물이 저작권법으로 보호되는 것은 아니기 때문이다. 창작성과 같은 저작물성이 없어서 저작권이 아예 인정되지 않거나, 저작권이 있더라도 권리행사가 묶여 있어 저작권자가 저작권을 행사할 수 없는 콘텐츠들이다. 이런 콘텐츠는 누구나 무료로 사용할 수 있다.
  전자책만 제작하는 경우에 무료로 사용할 수 있는 콘텐츠를 활용하면 제작비를 아낄 수 있어서 좋다. 또한 종이책 보다 더 풍부한 내용을 담은 전자책을 만들 수도 있다.

저작권이 소멸한 저작물

저작권이 소멸한 저작물은 누구나 자유롭게 사용할 수 있다. 다만 저작권이 소멸했어도 저작자가 생존했더라면 명예 훼손이 될 수 있는 행위를 하면 안 된다. 저작자가 사망한 후라도 인격적 이익을 보호하기 때문이다.

저작권자가 저작권을 포기한 저작물도 저작권이 없다. 저작권 포기에 의해 저작권이 소멸하기 때문이다. 어느 저작물이 저작권을 포기한 것인지는 쉽게 확인하기 어렵다. 저작자가 스스로 포기 의사를 밝힌 경우를 일일이 찾아서 사용해야 한다.

상속자 없이 사망한 저작자의 저작물도 저작권이 없다. 저작권의 존속기간이 저작자 사망 후 70년이지만 저작권을 행사할 상속인이 없으므로 자유롭게 사용할 수 있다. 하지만 상속자 없이 죽었는지, 혹은 죽기 전에 다른 사람이나 단체에 기탁했는지 알아내기란 여간 힘든 게 아니다.

공공누리(www.kogl.or.kr)

공공누리에 기증된 저작물

공공누리 웹사이트는 공공저작물의 사용을 확산시키려는 취지로 만들어졌다. 저작권이 소멸했거나 자유롭게 사용할 수 있는 저작물을 공개하고 있으므로 무료로 사용 가능한 이미지 등을 찾을 수 있다.

보호받지 못하는 저작물

① 헌법 · 법률 · 조약 · 명령 · 조례 및 규칙
② 국가 또는 지방자치단체의 고시 · 공고 · 훈령
③ 법원의 판결 · 결정 · 명령 및 심판에 의한 의결 · 결정
④ 국가 또는 지방자치단체가 작성한 제1~3호에 규정된 것의 편집물 또는 번역물
⑤ 사실의 전달에 불과한 시사보도

저작권법의 보호를 받지 못하는 저작물

공공의 이익을 위하여 어떤 저작물은 저작권법의 보호를 받지 못한다. 이런 저작물은 자유롭게 이용할 수 있다. 목록을 보면 알겠지만 딱히 쓸 만한 것이 없다. 법률서적을 전문으로 내는 출판사라면 약간 도움이 될 것이다.

②, ④호에서 국가 또는 지방자치단체가 아닌 다른 단체나 연구원에서 작성한 것은 본 규정에 해당되지 않는다는 데 주의해

야 한다. 즉 국가 또는 지방자치단체 이외의 기관에서 나오는 연구 결과물이나 분석 자료들은 저작권의 보호를 받는다. 최근 정부가 보유한 자료를 공개하는 추세에 따라 각종 기관의 연구 자료를 인터넷에 공개하고 있다.

⑤호 '사실의 전달에 불과한 시사보도' 예시

신문 기사는 대부분 사실 전달이므로 저작권이 없다고 오해할 수 있다. 하지만 이 법 규정에서 말하는 '사실 전달에 불과한 것'은 부고나 인사동정과 같이 간단한 사건의 단순한 사실만을 보도한 경우이다. 신문에는 사설, 칼럼, 보도사진, 기고문, 기사 등 여러 가지 콘텐츠가 있다. 칼럼이나 논평, 독자들의 기고문 같은 것은 저작물로 인정받는다.

시사보도는 여러 가지 정보를 정확하고 신속하게 전달하기 위해 주로 간결하고 정형적인 표현을 사용한다. 대부분의 기사는 사실에 근거하여 기자의 설명, 비판 등을 담고 있으므로 사실 전달에 불과하지 않다. 독창적이고 개성 있는 표현 수준에 이르지 않고 단순히 '사실 전달에 불과한 시사보도'의 정도에 그친 것은 저작권법이 보호하지 않는다는 점을 명확히 하고 있다.

일부 추심업체에서 무작위로 경고장을 남발하여 문제가 되고 있다. 저작권 침해가 아닌데도 막무가내로 합의금을 받아내려는 업체도 있으니 주의하기를 바란다.

2. 저작물을 무료로 사용할 수 있는 방법

> 교육강사인 P씨는 자신만의 책을 갖고 싶어 틈틈이 원고를 집필 중이다. 원고를 쓰다 보면 유명한 사람의 명언이나 다른 책에 있는 글을 자기 원고에 넣고 싶은 충동이 일어날 때가 있다. 하지만 자칫 잘못 썼다가 표절 시비에 걸리는 것은 아닌지 걱정되었다. 원작자의 허락을 받아야 하는지, 그 출판사의 허락을 받아야 하는지도 모르겠다. 연락처도 모르고, 연락이 되더라도 허락을 해줄지 너무 막막했다. 책을 쓸 때 다른 책에 나온 글이나 도표를 쉽게 사용하는 방법은 없을까?

다른 사람에게 저작권이 있는 저작물일지라도 반드시 비용을 내고 사용해야 하는 것은 아니다. 경우에 따라서는 무상으로 사용할 수 있는 방법이 있다. 저작권법에는 저작권자를 보호하는 것뿐만 아니라 저작물의 이용을 장려하는 목적도 있기 때문이다. 다만 다른 사람의 저작물을 무상으로 사용하는 것이므로 저작권법에서 허용하는 방법대로 사용해야 한다. 무상 이용 방법을 익혀두면 타인의 글 또는 도표를 사용할 때 대단히 유용하다.

개인적 이용을 위한 사적 복제

개인적으로 이용하기 위해 복제하는 것은 허용된다(저작권법 제30조). 지극히 개인적인 목적으로 사용하는 것만 허용되므로 스스로 자기 집에서 복사하는 정도가 인정된다. 복사업체에 복사를 맡기거나 복사한 것을 외부에 판매하는 행위는 저작권법 위반이 된다.

책을 쓰려는 사람들은 대개 글감이 되는 자료를 모아두는 습관이 있다. 책을 쓸 때 필요한 부분을 요약해두거나 복사를 해서 보관한다. 인터넷 사이트에 있는 글이라면 복사해두고 파일로 저장할 수도 있다. 이러한 작업들은 다른 사람의 저작물을 저장하는 복제 행위이다. 원고를 쓰기 위해 개인적으로 모아두는 글들에 대해 일일이 저작권자의 이용허락을 받는 것은 현실적으로 불가능하다. 이런 과정이 불법적인 행위가 되지 않도록 개인적 이용의 경우 자유로운 복제를 허용하고 있다.

개인적 사용을 목적으로 복제한 후 영리 목적으로 판매하는 것은 사적 복제에 해당하지 않는다. 복사업체에 맡겨 복사하는 것도 원칙적으로 사적 복제에 해당하지 않는다. 책 스캔을 대행해주는 것도 무단 복제 행위가 될 수 있다.

사적 복제에 해당하면 출처 명시 의무도 면제된다. 개인적 또는 가정적 이용이기 때문이다. 사적으로 이용하더라도 분량적인 면에서 일부분만 허용되며, 저작물 전부를 복제하거나 여러 부수를 복제하여 사용하는 것은 허용되지 않는다.

비영리적인 경우 시험 문제로 복제 가능

학교 시험을 위해 다른 사람의 저작물을 이용허락 없이 사용할 수 있다. 시험의 특성상 비밀을 유지해야 하므로 사전에 이용허락을 받으면 시험 문제가 유출될 수 있기 때문이다. 더구나 비영리적 이용이므로 저작권자의 이익을 크게 해치지 않는다고 본다. 입사시험 문제로 출제하는 경우도 넓게 인정된다. 시험 목적을 위하여 정당한 범위에서 공표된 저작물을 복제·배포할 수 있지만, 영리를 목적으로 하는 시험은 별도의 이용허락을 받아야 한다(저작권법 제32조). 대형 입시학원에서 치르는 모의고사는 영리를 목적으로 하는 시험이므로 무상으로 저작물을 사용할 수 없다.

학교에서 치른 시험 문제를 학원에 몰래 판매하는 선생님들이 있는데, 스스로 만든 문제라면 상관없지만 판매용 문제집의 문제를 그대로 학교 시험에 낸 후 학원에 판매한다면 곤란한 일이 생길 수 있다. 이런 시험지 장사는 저작권법 위반이 될 수 있다.

정치인의 공개된 연설

정치인의 공개적인 연설이나 의회에서의 진술은 어떠한 방법으로도 이용할 수 있다. 원문 전부를 사용해도 저작권료를 별도로 지급할 필요가 없다. 국민의 알 권리 충족 차원에서 많은 사람들에게 전달해야 할 필요가 있기 때문이다. 이용 방법의 제한이 없으므로 '동일성이 유지되는 범위' 안에서 연설을 번역하거나 출판해도 저작재산권이 문제 되지 않는다. 유명 정치인의 명언집을 만들고 싶을 때 이 규정에 의해 연설을 무상으로 이용할 수 있다(저작권법 제24조). 다만 동일한 저작자의 연설이나 진술을 편집하여 이용하는 경우에는 원칙적으로 이용허락을 받아야 한다.

Q 서거한 전직 대통령의 연설 중에서 핵심적인 부분을 모아서 기념출판을 하려고 한다. TV에 방송된 내용이니 무료로 사용할 수 있지 않을까?
A 우선 판단할 것은 저작권이 유효한지 여부이다. 공개적으로 행하는 정치적 연설은 누구나 사용할 수 있다(저작권법 제24조 정치적 연설 등의 이용). 다만 동일한 저작자의 연설이나 진술을 편집하여 이용하려면 이용허락을 받아야 한다. 저작권 보호기간은 사망 후 70년까지이다. 연설자가 사망한 후 아직 70년이 지나지 않았다면 일단 저작권은 유효하다. 또한 연설의 핵심적인 부분을 모아서 출판한다고 했으므로 편집물을 만들려는 것이다. 동일한 저작자의 연설이나 진술을 편집하여 이용하려는 경우에 해당하므로 이용허락을 받아야 한다. 저작자의 인격적 이익을 보호해야 하기 때문이다.

연설자가 이미 사망했으므로 누구의 허락을 받아야 할까? 저작재산권은 재산적 가치가 있는 것으로서 상속이 되는 권리이므로 유족들에게 이용허락을 받아야 한다. 유족이 여러 명이라면 권리가 있는 모든 유족에게 전부 이용허락을 받아야 한다.

학교에서 교육 목적으로 이용

고등학교 이하의 학교에서 교육 목적상 필요할 경우 교과용 도서에는 공표된 저작물을 게재하거나 번역할 수 있다(저작권법 25조). 이 규정에 해당하는 교육기관은 특별법에 따라 설립되었거나 유아교육법, 초·중등교육법 또는 고등교육법에 따른 학교, 국가나 지방자치단체가 운영하는 교육기관 및 이들 교육기관의 수업을 지원하기 위해 국가나 지방자치단체에 소속된 교육지원기관 등이다. 대학교는 국립대학이든 사립대학이든 해당되지 않으며 사설 학원도 마찬가지이다.

'교과용 도서'는 교과서와 선생님용 지도서 등을 말한다. 즉 교육부가 저작권을 가지고 있거나 교육부의 승인을 얻은 도서로, 학습용 참고서는 해당하지 않는다. 이용할 수 있는 저작물의 분량은 일부분이지만, 그 이용의 목적 및 형태 등에 비추어 부득이하게 저작물 전부가 필요할 경우에는 모두 이용할 수도 있다. 물론 출처 표시는 해야 한다.

이 규정에 따라 저작물을 이용하려는 사람이나 출판사는 문화체육관광부 장관이 정하여 고시하는 기준에 의한 '보상금'을

당해 저작권자에게 지급해야 한다. 예외적으로 고등학교 이하의 교육기관에서 복제·공연·방송 또는 전송을 하는 경우에는 보상금을 지급하지 않아도 된다. 보상금을 받을 권리는 문화체육관광부 장관이 지정하는 사단법인 한국복제전송저작권협회(www.korra.kr)와 같은 단체를 통하여 행사된다. 이 협회는 보상금을 받아 저작권자들에게 분배하는 중요한 역할을 한다.

교육을 받는 학생도 수업 목적상 필요하다고 인정되는 경우에는 공표된 저작물을 복제하거나 전송할 수 있다. 교육의 공공성과 인터넷을 이용한 원격교육을 할 때 쌍방향 교육의 활성화를 위한 취지이다.

교육기관이 전송을 하는 경우에는 저작권자의 권리 침해를 막기 위해 불법 이용을 방지해야 한다. 이를 위해 필요한 조치는 다음과 같다.

- 전송하는 저작물을 수업을 받는 자 외에는 이용할 수 없도록 하는 접근 제한 조치
- 전송하는 저작물을 수업을 받는 자 외에는 복제할 수 없도록 하는 복제 방지 조치
- 저작물에 저작권 보호와 관련된 경고 문구 표시
- 전송과 관련해 보상금을 산정하기 위한 장치 설치

시각장애인 등을 위한 저작물 복제

시각장애인 등의 복리 증진을 목적으로 하는 시설은 시각장애인 등을 위해 저작물을 점자로 복제·배포할 수 있다. 즉 시각장애인이 이용할 수 있도록 제공하기 위해 공표된 어문저작물을 녹음하거나, 시각장애인 등을 위한 전용 기록 방식으로 복제·배포 또는 전송할 수 있다. 오디오북과 같은 음성 녹음물은 시각장애인에게 비영리적으로 제공될 때에만 자유롭게 이용할 수 있다. 영리적 목적으로 쓰거나 일반인을 위해 이용할 경우에는 저작권자의 이용허락을 받아야 한다.

영화 〈해운대〉 개봉 당시 동영상 파일이 유출되어 사회적 문제가 되었다. 범인은 다름 아닌 〈해운대〉의 음향 엔지니어. 경찰은 〈해운대〉 동영상을 유출한 혐의로 시각장애인연합회 소속 엔지니어를 구속했다. 유출범은 시각장애인을 위한 음향 설명 작업을 위해 CJ엔터테인먼트로부터 〈해운대〉 동영상 파일을 넘겨받은 뒤 친구들과 함께 보려고 퍼뜨린 혐의를 받았다(세계일보 2009. 9. 17).

시각장애인을 위해 제공한 영화 동영상 파일을 시각장애인연합회 담당자가 유출시키는 어이없는 일이 벌어진 것이다. 동영상 파일은 일단 유출되면 회복이 불가능하기 때문에 저작권자에게 돌이킬 수 없는 손해를 끼치게 된다. 저작권 실무자가 저작권법을 제대로 지키지 않을 때 벌어질 수 있는 단적인 사례이다.

3. 다른 사람의 글과 사진을 무료로 인용하는 방법

　글을 쓰다 보면 다른 사람의 글, 사진, 도표 등을 가져다 써야 할 때가 있다. 일일이 허락을 받아 사용한다는 것은 현실적으로 거의 불가능하다. 어떻게 하면 다른 사람의 글이나 사진을 허락받지 않고 무상으로 사용할 수 있을까?
　저작권법은 다른 사람의 글, 사진, 도표 등 저작물을 무상으로 사용할 수 있는 경우에 대해 규정하고 있다. 공표된 저작물은 보도·비평·교육·연구 등을 위해 '정당한 범위' 안에서 '공정한 관행'에 합치되게 이를 '인용'할 수 있다(저작권법 제28조). 즉 공표된 저작물을 정당한 범위 안에서 공정한 관행에 따라 인용하는 경우에는 저작재산권자의 허락이 없어도 가능하다. 영리 목적으로 하는 경우라도 마찬가지이다. 보도·비평·교육·연구 등은 예시이므로 그 밖의 사용도 가능하다.
　문제는 '정당한 범위'가 어느 정도인지, '공정한 관행'은 무엇인지 불명확하다는 것이다. 정당한 인용 범위에 대해 '3줄이면 정당하다'처럼 구체적으로 정해진 기준은 없다. 사회통념에 의해 판단하는 것이다.
　주의할 점은 '인용'과 '이용'의 차이다. 인용은 자신의 주장을 뒷받침하기 위해 다른 저작물의 일부를 끌어다 쓰는 것이므로 자신의 주장이나 글이 중요한 부분이 된다. 반면 이용이란 타인의 저작물을 일부이든 전부이든 그 형태와 목적에 따라 사용하는 것을 말한다. 따라서 원저작물과 인용되는 저작물은 양적, 질적으로 모두 주종관계에 있어야 한다. 즉 인용되는 부분이 많거나 과다하여 원저작물에 대한 시장 수요를 대체할 정도가 된다면 공정한 인용으로 보기 어렵다. 예를 들어 240쪽 책에서 50쪽을 인용한다면 이것은 거의 1~2장을 사용하는 것이므로 정당한 인용이 아니라 오히려 저작물의 '이용'이 될 수 있다. 저작물을 이용하려면 사용료를 내야 한다.

인용하는 방법도 공정한 관행에 합치해야 한다. 즉 인용되는 부분을 마치 자신의 저작물인 것처럼 보이게 해서는 안 된다. 공정한 관행이 명문화되어 정해져 있지는 않다. 학술논문의 경우 자신의 연구논문을 뒷받침하기 위해 관련 연구 분야의 다른 저작물을 자료로 인용하는 것이 일반적인 관행이다. 하지만 TV 광고를 제작하면서 음악이나 사진을 상당부분 사용했다면 공정한 관행으로 볼 수 없다.

다른 사람의 저작물을 공정하게 이용할 때에는 저작물의 통상적인 이용 방법과 충돌하지 않고, 저작자의 정당한 이익을 부당하게 해치지 않아야 한다(저작권법 제35조의3). 공정한지 여부는 영리성 또는 비영리성과 같은 저작물 이용의 목적 및 성격, 저작물의 종류 및 용도에 따라 달라진다. 다른 사람의 저작물이 책 전체에서 차지하는 비중과 현재 가치나 잠재적 가치에 미치는 영향을 고려하여 판단하게 된다.

정당한 인용 방법

저자가 원고를 쓸 때 다른 사람의 책에서 필요한 부분을 인용할 수 있다. 인용을 하는 행위는 지극히 자연스러우며, 인용 표시를 제대로 한다면 정당하게 인용하는 것이므로 표절 시비를 걸어서는 안 된다. 단, 정당한 인용이 되려면 몇 가지 규칙이 있다.

우선 다른 책 내용의 일부를 인용했다면 그 부분이 자신의 내용과 구분되어야 한다. 즉 따옴표나 인용 표시를 해서 인용한 부분임을 독자가 알 수 있게 해야 한다. 인용 부분이 저자가 창작한 부분과 구분되지 않는다면 인용문을 그 저자의 저작물로 오인할 수도 있기 때문이다.

인용하는 분량도 문제가 될 수 있다. 인용문이 자신의 저작물보다 상당히 많다면 정당한 인용이라고 보기 어렵다. 인용은 언제나 부수적이고 보충적으로 사용해야 한다. 특별한 경우를 제외하고는 전체가 아닌 부분만이 인용의 범위로 인정된다.

다만 시의 경우에는 비평 등을 위해 전체 인용도 허용하고 있다. 예를 들어 고은 시인의 시를 연구한 논문에서 시 자체의 연구를 위해 시를 기재하고 그 의미를 쓰거나, 연구논문 또는 문학

이론을 뒷받침하기 위해 시를 인용할 수 있는데 이러한 사용 형태는 공정한 인용이 될 수 있다. 그러나 학습용 문제집을 만들기 위해 시인의 시를 게재했다면 정당한 인용으로 보기 어렵다. 저작권자의 허락을 받지 않으면 문제가 될 수 있다.

다른 사람의 사진을 쓰고 싶다면 사진 크기를 작게 줄이는 방법으로 사용할 수 있다. 저작권법 제28조에서 허용하는 범위와 방법을 인용한다면 저작권자에게 일일이 이용허락을 받지 않아도 된다.

출처 표시와 저작자 표시

출처 표시는 반드시 해야 한다. 저작물의 이용 상황에 따라 합리적이라고 인정되는 방식으로 표시하면 된다. 잘 보이지 않게 작은 글씨로 쓰거나 다른 사람으로 오인하게 쓰면 안 된다. 출처 표시와 저작권자 표시는 다소 다르다. 출처는 책 제목, 출판사, 신문사, 방송사 등으로 자료의 출처를 나타낸다. 저작자는 저작물을 창작한 사람이다. 저작자의 실명 또는 이명(필명)이 표시된 저작물인 경우에는 그 실명 또는 이명(필명)을 명시해야 한다.

Q 출처 표시만 하면 저작권에 아무 문제가 없을까?
A 아니다. 출처 표시만 하면 저작권 침해가 아니라고 착각하기 쉬운데, 무조건 출처 표시를 한다고 해서 모

든 복제 행위가 정당화되는 것은 아니다. '정당한 범위' 안에서 '공정한 관행'에 합치하는 인용이어야 한다. '정당한 범위'와 '공정한 관행'은 책에 어떤 형태로 수록되느냐에 따라 다르다. 시를 비평할 때에는 전 범위를 수록할 수도 있지만, 독창적인 부분이라면 일부분만 수록해도 문제가 될 수 있다. 분량적인 부분은 관행에 따라 어떻게 수록하고 있는지 살펴보면 저작권법 위반 여부를 판단할 수 있다.

4. 아무리 찾아도 저작권자를 찾을 수 없는 경우

> 편집부에 근무하는 황 대리는 근대문학에 관한 출판 기획을 하던 중 '근대 시문학의 발견'이란 주제로 시리즈 책을 구상했다. 시인들과 연락하여 일일이 출판계약서를 작성하고 출간 일정을 잡았다. 그런데 한 시인은 미국으로 이민을 갔다는 소문만 확인하고 그 후의 종적을 찾을 수 없었다. 전체 시리즈를 완성하려면 반드시 필요한 시인이라서 빼놓을 수가 없었다. 아무리 찾아도 찾을 수 없는데 어떻게 하면 될까?

최대한 찾아야 한다

우선 모든 방법을 동원하여 찾아봐야 한다. 저자의 소재를 찾는 것은 어려운 일이다. 유명한 사람이거나 사회활동을 활발하게 하는 사람은 쉽게 찾을 수 있지만, 그렇지 않은 경우 저자를 찾는 일은 흥신소 업무나 다를 바 없다. 하지만 사용하고 싶은 저작물을 정당하게 사용하기 위해서는 저작권자의 이용허락을 받아야 한다. 저작권자는 어디에 있을까? 인터넷, 전화번호부, 관련 학교 등 각종 자료를 총동원하여 찾아야 한다.

먼저 조사할 곳은 저작물을 관리하는 각종 저작권협회이다. 저작권자가 특정 저작권협회에 저작물을 신탁하여 관리하도록 했을 수 있다. 이런 경우는 저작권자를 찾기가 아주 쉽다. 각 저작권협회로 문의하면 된다. 이 정도는 기본적으로 해야 한다.

각 저작권협회에서 관리하는 저작물이 아니라면 조금 더 힘들어진다. 대개 유명하지 않거나 저작권 관리에 관심이 없는 저작권자일 확률이 높다. 과거에 책을 출판했던 출판사나 알고 있을 만한 사람, 저자의 근무지 등까지 일일이 확인해야 하는 경우도 있다. 해외로 이사했거나 자료를 도저히 찾기 어려운 경우에는 실무자의 입장에서 대단히 난감해진다. 찾기 어렵다는 이유로 그냥 저작물을 사용해도 되는 것이 아니기 때문이다.

아무튼 저작권법을 위반하지 않고 정당하게 저작물을 사용하려면 저작권자를 찾아내야 한다. 담당자가 기본적인 자료 조사도 해보지 않고 저작권자를 찾는 일에서 막혀 어렵다고 한다면 업무를 제대로 하고 있다고 보기 어렵다.

최후의 방법, 법정허락

모든 노력을 기울였어도 도저히 저작권자를 찾기 힘든 경우를 위해 저작권법은 최후의 수단으로 '법정허락' 제도를 운영하고 있다. 저작권자의 허락을 받지 못했더라도 저작물의 이용이 필요한 경우 보상금을 지급하거나 공탁을 하고 이용할 수 있는 제도이다. 따라서 저작권자가 어디에 있는 누구인지 모를 때에는 법정허락을 받고 저작물을 사용할 수 있다. 단, 소정의 저작권료는 지급해야 한다.

"법정허락은 저작권자를 도저히 찾을 수 없을 때 해결 방법이다"

법정허락을 받기 위해서는 '상당한 노력'을 해야 한다. 어느 정도 상당한 노력을 해야 하는지는 구체적인 규정이 있다. 해당 저작물을 취급하는 저작권신탁관리업자(저작권신탁관리업자가 없는 경우에는 저작권대리중개업자 또는 해당 저작물 이용을 허락받은 사실이 있는 이용자 중 2명 이상)에게 저작재산권자를 조회하기 위해 확정일자가 있는 문서를 보냈는데 알 수 없다는 회신을 받거나, 문서를 발송한 날로부터 1개월이 지났는데도 회신이 없어야 한다. 확정일자가 있는 문서는 '내용증명' 우편을 말한다. 또한 전국으로 보급되는 일간신문 또는 문화체육관광부와 한국저작권위원회 홈페이지에 조회 사항을 공고한 날로부터 10일이 지난 경우에 상당한 노력을 했다고 간주한다.

이처럼 상당한 노력을 기울였어도 공표된 저작물(외국인의 저작물 제외)의 저작재산권자나 그의 연락처를 알 수 없는 경우, 문화체육관광부 장관의 승인을 얻은 후 보상금을 공탁하고 법정허락 제도를 이용할 수 있다. 한국저작권위원회에 문의하면 자세한 절차를 안내받을 수 있다.

저작물 사용 비용표

※ 서책형 도서 등으로의 복제·배포

구분	분량	2016년 사용료
시, 시조, 향가, 기타 이에 해당하는 부류	1/2편 이상 ~ 1편	63,530원
	2연이상 ~ 1/2편 미만	50,820원
	1연	38,120원
수필, 설명, 논설, 기타 이에 해당하는 부류	전편 이용시 (200자 원고지 31매이내)	140,400원
	일부분 이용시 (200자 원고지 1매당)	4,490원
	일부분 이용시 (200자 원고지 5매미만)	17,000원
소설, 희곡, 기타 이에 해당하는 부류	200자 원고지 1매당	4,490원
	200자 원고지 5매미만	17,000원
동화	전편 이용시 (200자 원고지 31매이내)	140,400원
	일부분 이용시 (200자 원고지 1매당)	4,490원
	일부분 이용시 (200자 원고지 5매미만)	17,000원
	※ 단, 전편의 분량이 200자 원고지 32매 이상일 경우 1매당 4,490원	

- 발행 부수가 20,000부를 초과하는 경우에는 초과분에 대하여 저작물 사용료에 20,000부에 대한 초과분의 비율을 곱한 금액을 사용료로 하고, 3년간 발행부수가 20,000부 발행을 기준으로 사용료를 산출한다.

출처 : 한국문예학술저작권협회

**출판저작권
첫걸음**

05

'폰트'는 글자체가 아니다

출판저작권
첫 걸 음

05

'폰트'는 글자체가 아니다

박 편집장 | 요즘 출판사들은 폰트에 관한 경고장을 자주 받고 있어요. 표지에 사용한 폰트가 똑같다고 연락이 오기도 하고, 서점에 이벤트 페이지로 제공한 표지까지 시비를 걸어오는 경우도 있고요.

김하나 독자 | 학교 숙제에 여러 폰트를 써서 제출한 적이 있었는데 아무 일도 없던걸요? 너무 엄살 부리는 거 아닌가요?

이 작가 | 엄살이 아니라 사실입니다. 일부 폰트업체에서 무자비하게 경고장을 보내고 있어요. 폰트 좀 사용했다는 이유로 그렇게 무지막지하게 고소를 해대는 추심업체들도 문제가 많습니

다. 폰트업체들은 돈도 많이 벌 텐데 좀 쓰면 어떻습니까?

박 편집장 | 그렇죠? 작가님? 폰트 사용에 대해 어렵게 해놓고 마구마구 경고장을 날리는 건 심하죠. 그런데 작가님께서 지난번에 낸 소설을 누군가 스캔해서 웹하드에 올렸던데요?

이 작가 | 아니 저런 날도둑놈을 봤나! 남의 글을 훔치다니.

출판업계의 고민 중에 하나가 폰트에 관한 경고장이 될 정도로 폰트 관리가 엉망이다. 본문은 물론 표지에 사용하는 폰트를 무단 사용하는 경우가 흔히 발생하고 있다. 영세하다는 이유를 앞세워 무작정 폰트파일을 다운받아 사용하는 출판사도 있는데 비즈니스 마인드가 결여된 것으로 보인다.

우리가 일반적으로 알고 있는 '폰트'와 저작권법상 '폰트'는 다르다. 인터넷을 사용하는 사람이라면 누구나 폰트를 사용한다. 하지만 그 정확한 의미를 알고 사용하는 사람은 드물다. 폰트에 대해 잘못 알고 있어서 불필요한 저작권 분쟁도 발생하고 있다. 무심코 폰트파일을 사용하는 사람에게 저작권 침해 경고장을 내용증명으로 발송하는 업체들이 점점 늘고 있기 때문이다. 또한 저작권법을 위반하지 않은 사람도 무차별적으로 경고장을 받고 있다. 과연 무엇이 저작권법상 폰트일까?

> "폰트는 글자체가 아니다."
> "저작권법상 폰트는 컴퓨터 프로그램 파일이다."

일반적으로 폰트는 글자체 또는 글자 모양을 의미한다. 실무에서는 글자체, 폰트, 글꼴, 타이프페이스 등 여러 용어를 사용하고 있다. 그런데 저작권법에서 말하는 폰트는 우리가 일상적으로 사용하는 의미와 차이가 있다. 저작권법상 폰트는 글자체가 아니라 '폰트파일'을 의미한다. 폰트파일은 종이책, 전자책 등 다양한 형태의 책을 만드는 데 필수적으로 사용되고 있으므로 어디까지 저작권으로 보호되고, 어디부터 자유로운 사용이 가능한지 알고 있어야 한다.

글자체(타이프페이스, type face)는 '한 벌의 문자 · 서체 등에 대하여 독특한 형태의 디자인을 한 것'이다. 글자체에 대해 '서체', '글꼴', '글꼴도안' 등 다양한 용어를 사용하고 있다. 글자체 그 자체는 저작권 등록 대상이 아니다. 저작물로 인정하지 않기 때문이다. 단, 서예의 경우는 저작물성을 인정하여 미술저작물로 등록할 수 있다.

반면 폰트파일(서체파일)은 컴퓨터 프로그램의 일종으로 취급된다. 컴퓨터 프로그램도 저작물이다. 폰트파일은 컴퓨터 내에서 다른 응용 프로그램과 결합하여 글자체를 표현하는 데 사용된다.

폰트파일이 지시·명령을 포함하고 있고, 그 실행으로 특정한 결과를 가져오며, 컴퓨터 등의 장치 내에서 직접 또는 간접으로 사용될 수 있는 경우 컴퓨터 프로그램 저작물로 등록할 수 있다.

다른 저작물과 마찬가지로 폰트파일도 창작과 동시에 저작권이 발생한다. 즉 등록하지 않아도 자동적으로 권리가 생긴다.

글자체를 저작권법으로 보호하지 않는 이유는?

우리나라 법원은 글자체(서체도안)의 저작물성을 인정하지 않는다. 미국, 영국, 일본 등 국가도 폰트파일만 저작권을 인정할 뿐 글자체는 보호하지 않는다. 글자체를 보호하게 되면 글자 자체를 보호하는 결과가 되기 때문이다. 글자는 누구나 사용해야 하기 때문에 어느 한 사람에게 저작권을 인정하지 않는다.

글자체는 저작권이 없다

서체도안들은 누구나 자유롭게 사용해야 할 문자이며, 인쇄기술에 의해 사상이나 정보 등을 전달한다는 실용적인 기능을 주된 목적으로 만들어진 것이다. 서체도안은 저작권법에 의한 보호 대상인 저작물에 해당하지 않는 것이 명백하다(대법원 1996. 8. 23. 선고 94누5632 판결).

글자체를 저작권법에 의해 보호받는 저작물로 보지 않는 이유는 서체도안의 창작성 자체를 부인하기 때문이 아니다. 서체도안에 내포되어 있는 창작성을 문자 본래의 실용적인 기능으로부

터 분리하여 별도로 인정하기 어렵기 때문이다.

> **폰트파일(서체파일)은 저작권이 있다**
> 서체파일은 컴퓨터 프로그램에 해당하고, 서체파일 제작에 제작자의 창의적 개성이 표현되어 있어 그 창작성도 인정된다. 다만 보호되는 범위는 창작적인 표현 형식이 담긴 컴퓨터 프로그램 자체에 한정되는 것이고, 컴퓨터 프로그램을 통하여 표현되는 결과물은 보호될 수 없다(대법원 2001. 5. 15. 선고 98도732 판결).

대법원 판결에 의하면 '폰트파일'은 창작성이 인정되어 저작권으로 보호받는다. 다만 컴퓨터 프로그램 자체만 보호하는 것이지, 그 폰트파일로 만든 결과물까지 저작권으로 보호하는 것은 아니다. 결과물은 책 표지, 책 본문, 팸플릿 등 각종 인쇄물과 이미지 파일들을 말한다. 그러므로 '폰트'라는 용어를 사용할 때에는 그 의미가 폰트파일인지 글자체인지 구분해야 한다. 폰트파일과 글자체를 섞어서 사용하면 의미가 뒤죽박죽되어 혼란스러워지기 때문이다. 이른바 '저작권 파파라치'는 그런 혼동을 노리고 있다.

"폰트파일 저작권은 폰트파일 보호에만 미치고 그 결과물에는 영향이 없다"

Q B출판사는 외주 디자인업체에 책 디자인을 의뢰해서 책을 만들었다. 얼마 후 폰트업체에서 폰트 무단 사용으로 고소하겠다는 연락이 왔다. B출판사에서 직접 만든 것이 아니라 외주 디자인업체에 맡겨서 제작했다고 해명했지만 "출판사도 책임져야 한다"고 주장하고 있다. 디자인업체에 물어보니 사실은 불법 폰트를 써서 만들었다며 죄송하다고 했다. 이런 경우 누가 책임을 져야 할까?

A B출판사는 디자인업체가 불법 폰트를 사용한 사실 여부를 알 수 없다. 디자인업체가 제작한 책 디자인을 납품받아 사용한 것이므로 출판사가 폰트파일을 사용한 것이 아니다. 그러므로 B출판사는 폰트파일에 대한 저작권 위반 책임이 없고 계속 책을 판매할 수 있다. 하지만 실무적으로 폰트파일에 대한 시비가 걸려온다면 출판 업무를 하는 데 바람직하지 않다. 정품을 사용하는 디자인업체와 일한다면 불필요한 분쟁을 줄일 수 있다.

정품 폰트파일을 사용해야하는 이유

폰트파일에 관한 분쟁이 발생하지 않게 하려면 정품 폰트파일을 사용해야 한다. 그렇게 해야 폰트개발업체에서 더 좋은 폰트파일을 개발할 수 있다. 공짜 폰트만 찾아다니면 저작권 파파라치들의 표적이 될 수 있다. 정품을 써도 저작권 파파라치들의 정당한 권리행사인 척하는 경고장을 받을 수 있다. 저작권법을 모르면 당할 수밖에 없다.

Q 직원이 무단으로 폰트파일을 사용한 경우 회사 대표(사업주)도 책임이 있을까?
A 회사 직원이 업무를 하다가 저작권을 침해한 경우 회사도 저작권 위반으로 처벌받을 수 있다. 저작권법 제141조의 '양벌 규정'에 의하여 직원과 회사가 동시에 처벌받을 수 있다. 단, 회사가 해당 직원에 대해 저작권을 침해하지 않도록 상당한 주의와 감독을 했다면 면책된다. 직무교육 차원에서 저작권 교육 등을 하여 직원들을 관리·감독한다면 직원이 저작권을 침해하더라도 회사는 책임을 지지 않는다.

무료로 배포하는 폰트파일은 마음대로 써도 될까?

인터넷에 무료라고 올라온 폰트파일이 모두 무료는 아니다. 일부러 폰트파일을 올려놓고 다른 사람이 다운받아 사용하면 저작권 침해로 거액을 뜯어내려는 악덕업체도 섞여 있다. 어느 것이 진짜 무료인지, 위장된 무료인지 구별하기 어렵다.

가독성이 좋아 많이 사용하는 윤디자인연구소 폰트파일은 직접 책 디자인을 할 때에는 정품을 구입해서 써야 한다. 네이버 나눔글꼴은 영리적으로 사용하더라도 무상으로 쓸 수 있다. 다만 폰트파일을 재판매하는 것은 허용되지 않는다. 전자책에 자주 사용하는 Kopub서체파일도 무상으로 쓸 수 있다. 일부 무료 폰트는 기업 로고 등에 쓰는 것을 금지하기도 하므로 각각의 폰트를 사용할 때 주의할 점을 일일이 확인해야 한다.

일부 상업용 폰트파일의 경우 지나치게 용도 구분을 해놓은 것들이 있다. 이것이 과연 법적으로 공정한지는 쉽게 판단하기 어렵다. 사용 범위도 계약에 의해 정할 수 있으므로 일부 폰트업체가 계약 사항을 악용하는 경우도 있다. 따라서 사용 범위를 꼼꼼히 따져보고 사용하거나 출처가 불분명한 폰트파일은 아예 쓰지 않는 것이 안전하다. 일부 업체에서는 무단 사용을 유도한 후 경고장을 보내는 등 악질적인 행태를 보여서 문제가 되고 있다.

출판저작권
첫걸음

06

손해 보지 않는 출판계약서 작성법

출판저작권
첫 걸 음

06

손해 보지 않는 출판계약서 작성법

1. 출판계약서를 잘 쓰는 방법

이 작가 | 편집장님? 출판계약서는 어떻게 써야 하죠? 첫 책을 계약하려니까 마음이 설레고 두렵기도 합니다. 잘못 계약할까봐 걱정도 되고요. 지난번에 보내주신 계약서를 보니까 표준계약서 양식이 아니던데요?

박 편집장 | 저희 출판사에서 예전부터 사용해오던 계약서 양식입니다. 문제없이 잘 쓰고 있고요. 계약 조건 보시고 도장 찍으시면 됩니다.

이 작가 | 출판계약이 불공정하다고 해서 표준계약서를 만든 거라고 들었는데요. 표준계약서 양식을 사용하지 않으면 작가한테 불리할 것 같네요.

박 편집장 | 허허 참. 작가님께 불리한 일을 출판사에서 하겠어요? 출판사를 못 믿으세요?

이 작가 | 물론 출판을 하려면 서로 믿는 것이 중요하지요. 그러니까 표준계약서로 씁시다. 굳이 표준계약서 양식을 안 쓰려는 이유가 있나요?

박 편집장 | 그게 사장님 지시 사항이라서 제가 마음대로 못 바꿔요.

이 작가 | 음. 계약서에서 중요한 내용은 설명해주실 수 있으시죠? 동일 또는 유사한 원고에 대한 범위도 그렇고, 저작권료도 합리적인지 잘 모르겠네요. 계약기간이 7년이면 너무 긴 것 아닌가요? 설명 좀 해주세요.

박 편집장 | 아. 그게 자세한 의미는 저도 잘 모릅니다. 그냥 이름 쓰고 도장 찍으면 끝나는 일인데 오늘따라 너무 예민하게

구시네요.

출판계약서는 저작자와 출판사가 출판하기로 합의한 내용을 기재한 문서이다. 계약은 말로 해도 효력이 있다. 하지만 시간이 지나 정확히 기억나지 않거나 어느 한쪽이 말을 바꿀 수 있으므로 문서로 계약서를 작성한다. 계약이 잘 지켜지도록 감시하기 위한 방편이다. 계약은 신뢰를 바탕으로 이루어진다. 상대방이 계약을 이행할 능력이나 의사가 없다면 서로를 믿기 어려울 것이다. 출판의 경우 저작자와 출판사의 신뢰관계는 다른 업종에 비해 더 크다고 볼 수 있다. 출판은 저작자와 출판사의 공동 작업이기 때문이다.

저자와 출판사가 만나 사이좋게 출판계약을 해놓고는 얼마 지나지 않아 계약 해지할 틈만 찾는 사례가 종종 생긴다. 대개 저자는 이 출판사보다 다른 출판사와 출판하고 싶어서 그렇게 한다. 저자에게 이거 해라 저거 해라 등등 요구 사항이 많아지면 슬슬 '글은 내가 다 쓰는데 출판사는 하는 게 뭐야?' 하는 생각이 든다. 출판사도 비슷한 고민을 하게 된다. 도무지 원고 줄 생각을 안 하는 저자를 살살 다그쳐야 하고, 글 쓰는 데 필요한 각종 비용을 대달라는 저자의 터무니없는 요구도 잘 넘겨야 한다.

이런 불만을 잠재울 수 있는 것이 출판계약서이다. 사전에 충분히 조율하고 협의하면 분쟁 없는 계약서를 작성할 수 있다. 계약서는 법률문서이므로 당사자인 저자와 출판사가 합의하여 도장을 찍거나 사인을 하면 계약의 법적인 효력이 발생한다.

"출판계약을 하면 그 내용대로 효력이 발생하고 작가와 출판사는 계약을 이행할 책임을 진다"

저작권자는 출판사에 자신의 저작물을 출판하도록 허락할 수 있다. 저자와 출판사가 출판계약을 하면 출판사는 저작권자의 저작물을 복제·배포할 수 있는 권리를 가지는 동시에 출판에 관한 의무도 지게 된다. 저작권자가 받는 저작권료(인세)는 저작물 이용료이다.

출판계약서를 작성하는 행위는 저작자와 출판사의 법률행위이다. 법률행위의 해석은 당사자가 그 표시행위에 부여한 객관적인 의미를 명백하게 확정하는 것이다. 객관적 의미가 불분명한 경우 동기, 경위, 당사자가 그 법률행위에 의해 달성하려는 목적과 진정한 의사, 거래 관행 등을 종합적으로 고찰하여 해석한다 (대법원 1995. 5. 23. 선고 95다6465 판결).

출판계약서는 저작자와 출판사 모두의 의사가 명확히 드러나야 하고, 제3자가 봐도 같은 의미로 해석되는 객관성이 있어야 한다. 보는 사람에 따라 다르게 해석되면 계약서를 잘못 작성한 것이다.

표준계약서 사용

한국출판문화산업진흥원에서는 출판계약서와 관련된 불필요한 분쟁을 예방하기 위해 표준계약서를 마련했다. 표준계약서를 사용하면 출판계약을 하는 데 편리하다. 하지만 표준계약서라고 해도 이름만 기재하면 끝나는 것이 아니다. 계약 내용들의 의미를 알고 계약하는 것이 가장 중요하다. 출판하려는 목적에 맞는지 확인하고 추가 합의한 내용은 특약 사항에 기재해야 한다. 저자에게 유리하거나 불리한 점, 출판사에 유리하거나 불리한 점을 살펴보고 적절히 협의하여 계약서를 작성하면 된다.

중요한 점은 저작권자와 출판사가 합의한 내용이 출판계약서에 제대로 반영되었는지 여부이다. 표준계약서는 내용에 따라 여러 종류가 있으므로 정확하게 선택하여 작성해야 한다.

> **출판권 설정계약 절차**
> 저작권자와 출판사의 합의 → 출판권 설정계약서 작성 → 출판권 설정 등록

출판계약은 저작권자와 해야 한다

출판계약은 저작재산권을 갖고 있는 사람과 해야 한다. 권리가 없는 사람하고 계약하면 효력이 없다. 저자(저작자)는 원고를 쓴 사람이다. 창작과 동시에 저작권이 생기므로 저작자는 최초

의 저작권자이다.

그러나 저작자라도 저작재산권이 없다면 출판계약을 할 수 없다. 저작권 중에서 저작재산권에 해당하는 권리는 다른 사람에게 양도 가능하기 때문이다. 저작권자가 다른 경우 반드시 저작권자(특히 복제권 보유자)와 계약을 해야 한다. 따라서 과거에 출간되었던 책을 복간하거나, 이미 출판했던 책을 또 다른 출판사에서 내려고 할 때에는 반드시 저작권자가 누구인지 확인해야 한다.

저작권신탁단체에 저작물을 신탁한 저작권자는 직접 저작권 이용허락계약을 할 수 없는 경우도 있다. 신탁관리를 하게 되면 신탁계약에 따라 법률상 신탁을 받은 업체에 권리가 이전되며 신탁관리단체가 권리자로 인정된다. 이런 경우는 신탁단체만이 저작권을 행사할 수 있다. 저작자라고 해서 모두 저작권을 행사할 수 있는 것이 아니므로 일일이 확인해야 한다.

출판계약서의 종류

출판계약 내용에 따라 여러 가지 출판계약 종류가 있다. 계약 내용에 따라 법적 효과가 달라지므로 정확한 의미를 파악하고 계약하는 것이 중요하다.

출판계약서 양식에는 ① 단순 출판허락계약, ② 독점적 출판허락계약, ③ 출판권 설정계약, ④ 저작재산권 양도계약의 네 가지가 있다. 이 중에서 저작자와 출판사가 출판하려는 형태에 맞도록 계약서를 작성하면 된다. 일반적으로 '독점적 출판허락계약'이나 '출판권 설정계약'을 한다. 출판사는 저작권자가 독점적 출판허락을 내용으로 하는 출판계약서를 작성한 후 출판권 등록을 하면 제3자에 대한 효력(대항력)이 있다.

- 출판허락계약(단순 이용, 독점적 이용)
- 출판권 설정계약
- 저작재산권 양도계약
    ※ 출판권계약서 양식을 구할 수 있는 곳 : www.BookBiz.or.kr

출판계약서의 주요 사항

① 출판권 계약기간 : 통상 5년 또는 7년을 계약기간으로 정하며, 계약기간을 정하지 않은 경우에는 3년간 존속하는 것으로 저작권법에서 정하고 있다. 출판기간을 정하지 않은 경우 발생할 수 있는 저작권자와 출판사의 분쟁을 방지하려는 목적에서이다. 계약기간의 시작 일자에 따라 계약기간이 달라질 수 있다. 계약기간은 '계약일로부터 5년' 또는 '책 발행일로부터 5년'으로 할 수 있다. 일반적으로 원고를 쓰고 책을 제작하는 기간이 필요하므로 '책 발행일'을 기준으로 정한다.

② 원고의 인도와 발행 시기 : 저자의 원고 제출 시기와 출판사의 책 발행 시기를 예상해서 기재한다.

③ 저작권료(인세)와 지급 시기, 지급 방법, 비용 분담 내용

④ 저작물 내용과 교정의 책임 : 저작물 교정에 대한 책임은 원칙적으로 저자에게 있다. 출판사는 협력할 뿐이다.

⑤ 계약기간 갱신 : 과거에는 최초에 정한 기간만큼 자동으로 갱신되는 출판계약서를 활용했는데, 이는 저작권자에게 지나치게 불리한 조항으로 판단된다. 1회만 자동 연장되면 출판계약이 만료되어 자동 소멸하는 문제가 있으므로 '1년마다' 자동 연장되는 것으로 정하는 편이 적절하다.

싸움나지 않게 계약서 쓰려면?

계약서는 아무리 잘 써도 100% 안전할 수 없다. 저작자와 출판사가 협의하여 불만 없는 계약서를 쓰는 것이 중요하다. 불만이 있으면 언젠가는 문제가 불거진다. 서로 불만이 없도록 합의해야 하며, 합의 사항을 계약서에 명확하게 기재해야 한다. 원치 않는 계약서를 종용하면 "나는 도장 찍고 싶지 않았는데 어쩔 수 없이 했다"며 딴소리를 할 수 있다. 출판사 입장에서 보면 마음이 바뀌는 저자와 책을 출판하기 어렵다. 저자도 자신을 배려해 주지 않는 출판사를 신뢰하기 힘들 것이다.

아무리 계약서를 잘 쓰고 설명을 잘해도 변심하면 어쩔 수 없다. 그런 경우 계약서대로 민형사상 책임을 물어야 한다.

반드시 인감도장을 찍어야 할까?

계약서를 쓸 때 꼭 인감도장을 찍어야 하는지, 아니면 자필서명을 해도 되는지 고민할 수 있다. 출판계약서에 반드시 인감도장을 찍을 필요는 없다. 도장과 자필서명은 법적으로 동일한 효력이 있다. 막도장은 효력이 없다고 생각하는 사람도 있는데 그렇지 않다. 막도장이든, 인감도장이든, 자필서명이든 모두 법적 효력이 있다.

다만 출판권 설정계약을 할 때에는 출판권 등록을 해야 하므로 반드시 인감도장을 찍어야 한다. 권리 없는 사람이 서류를 위조하여 등록하는 것을 방지하기 위해서이다. 인감도장을 찍는 경우 인감증명서를 첨부해야 한다. 출판권 등록을 하지 않는다면 굳이 인감도장을 찍을 필요는 없다.

양도계약을 할 때 '2차적저작물작성권'은?

양도계약을 할 때에는 '2차적 저작물 작성권'까지 포함할 것인지 여부를 결정해야 한다. 2차적 저작물 작성권을 포함시키지 않을 경우 저작자에게 권리가 남아 있으므로 저작자는 2차적 저작물을 작성할 때 권리행사가 가능하다. 저작권법은 저작권을 양도할 때 별도의 특약이 없다면 2차적 저작물 작성권은 양도되지 않고 저작권자에게 남아 있는 것으로 추정한다. 즉 저작권을 전부 양도한다고 계약서에 명시해도 2차적 저작물 작성권은 양도하지 않은 것으로 추정한다(저작권법 제45조).

저자의 권리 보호 차원에서 2차적 저작물 작성권은 양도하지 않고 계약하는 것이 바람직하다. 저작자에게 2차적 저작물 작성권이 남아 있다면 저작자는 더욱 다양한 저작물을 창작하여 저작권법의 목적인 문화 향상 발전에 기여할 수 있을 것이다. 그러므로 2차적 저작물 작성권에 대해 양도 특약을 계약서 조항으로 신설하여 양도 여부를 분명하게 기재할 필요가 있다.

"저작권 양도계약(이른바 매절계약)을 할 때 저자를 위해 '2차적 저작물 작성권'은 양도하지 않는 상태로 남겨두자"

출판사가 2차적 저작물 작성권까지 양도받으면 추후 해당 책이 베스트셀러가 되어도 저자에게 저작권료를 지급할 필요가 없다. 출판사에는 이익이지만 저자에게는 불이익이다. 더구나 저자는 연결된 후속작품을 창작하기 힘든 상태에 놓이게 된다. 이것은 출판계 전체로 볼 때 대단히 불행한 일이라고 생각한다.

계약 만료 때 재고 처분은?

출판계약이 만료되고 재계약을 하지 않으면 출판사는 재고 처리가 부담이 된다. 따라서 재고분에 대해 어떻게 할 것인지 미리 정하는 것이 좋다. 이미 제작된 책이므로 판매하는 것이 출판사나 저작자 모두 유리하다. 재고만 판매하고 더 이상 책 제작을 하지 않는다고 명시한 후 재고에 대한 저작권료를 저작자에게 미리 지급하거나 추후 정산하는 것으로 합의하면 문제가 없다.

출판계약이 만료되더라도 출판유통 구조상 뒤늦게 반품이 오는 경우가 있다. 어느 정도 반품될 것인지 예상하여 그만큼 저작권료를 낮추거나 정산 시기를 조정해야 한다. 온라인콘텐츠 업계는 계약이 만료되더라도 제휴업체와 정산이 길어질 수 있어 계약만료 후 1년까지 정산하기로 계약한다. 출판의 경우 재고 유통과 반품을 '계약 만료 후 6개월 이내'로 정하면 적절할 것이다.

계약 연장 여부

자동 연장을 할 것인지, 아니면 다시 새로운 계약을 할 것인지 정할 수 있다. 판매가 부진한 책은 출판사가 관심을 기울이지 않게 되고, 이런 출판사에 불만을 가진 저자는 계약을 해지할 핑계만 찾게 된다. 출판사의 입장에서는 자동 연장이 유리하고, 저자의 입장에서는 자동 연장보다는 다시 계약하는 편이 나을 수 있다. 물론 판매가 부진한 책은 출판사에서 먼저 계약 연장을 거절할 수도 있다. 출판사가 기획하여 시작한 책인 경우 계약기간 만료를 이유로 저자가 계약 연장을 하지 않고 다른 출판사에서 출판한다면 대단히 낭패가 아닐 수 없다.

※ 기획출판물에 대해 출판사를 보호할 방법은?

출판사가 기획하여 출판한 책에 대해서는 출판사의 권리를 보장해야 한다고 본다. 그렇게 하려면 출판계약서에 "출판계약 만료 후 저작자가 다른 출판사와 출간하려면 본 출판사와 먼저 협의해야 한다"는 조항이 필요하다. 출판에 대한 우선권을 최초 출판사에게 인정하자는 뜻이다. 기획출판물에 대해 해당 출판사의 권리가 인정되지 않는다면 출판사의 손실이 크다. 그동안의 노력이 물거품이 될 수 있기 때문이다. 출판 조건에 대해서는 얼마든지 협의 가능하므로 저작자에게도 불리한 조항이 아니다.

미국 월마트 창업자 샘 월튼은 자신이 시작한 마트의 영업권을 건물주에게 빼앗겼다. 샘 월튼의 마트가 잘되는 것을 본 건물주인은 임대계약서의 허점을 이용했다. 건물 임대기간이 종료하자 계약 연장을 해주지 않고 그 자리에 직접 마트를 차린 것이다. 마트의 영업권을 합법적으로 가로챈 셈이다. 미국에서는 임대차 계약에 대해 기간이 만료하더라도 재임대할 수 있는 우선권을 계약서에 명시할 수 있다. 이 조항을 계약서에서 빠뜨린 샘 월튼은 두고두고 후회했다고 한다.

힘들여 발굴하고 공들여 베스트셀러로 만들었는데, 출판계약 기간 종료 후 저자가 경쟁사로 옮겨 간다면 심히 허탈질 것이다. 떠나려는 저자를 붙잡고 싶다면 출판계약서를 제대로 써야한다.

2. 매절계약을 할 때 주의할 점

'매절'이란 무엇인가?

세상 사람들은 '매절계약'에 문제가 있다고 하는데 출판사들은 별 반응이 없어 보인다. 출판사들은 매절계약에 관해 일관된 의미로 사용하지 않고 출판사마다 임의적으로 사용하고 있는 것처럼 느껴진다. 어떤 단어는 특정 분야에서 관행적으로 일반적 의미와 다른 뜻으로 사용될 수도 있다. '매절'의 의미가 실제 현업에서 어떤 의미로 사용되고 있는지 출판사에 근무하는 사람들을 대상으로 조사해보았다.

"매절을 실제 업무에서 어떤 뜻으로 사용하십니까?"라고 질문하여 실제 업무에서 사용하는 '매절'의 의미를 파악했다. 답변은 다양하게 나왔지만 대략 세 가지로 압축되었다.

답변 1	원고를 사오는 것이다.
답변 2	원고료(저작권료, 인세)를 판매 부수에 따라 지급하는 것이 아니라 처음에 일괄 지급하는 방식이다. 1회 지급 후 추가 지급은 없다. 다만 베스트셀러가 되면 보너스를 주기도 한다.
답변 3	원고료를 1쇄 찍을 때 제작 수량 전부의 저작권료를 한꺼번에 지급하는 방식이다. 1쇄 제작 물량이 다 판매되어 2쇄를 찍을 때에도 제작 수량 전부의 저작권료를 한꺼번에 지급한다.

출판사 직원들조차 매절에 대해 여러 가지 뜻으로 이해하고 있었다. 매절의 의미를 답변 1처럼 '원고를 사오는 것'으로 답변한 것은 단순한 사실행위에 대한 의견으로 보인다.

답변 2는 출판계에서 일반적으로 받아들여지는 매절 의미이다. 저작권료(인세)를 한꺼번에 전액 지급하고 더 이상 지급하지 않는 방식이다. 책이 베스트셀러가 되어도 저자에게 인센티브 이외에 추가로 지급하는 저작권료는 없다. 대신에 1쇄 제작 부수조차 판매되지 않아도 저자는 이미 지급받은 저작권료를 반환하지 않는다. 책 판매가 저조한 현실 속에서 출판사의 위험 부담이 큰 방식이다. 베스트셀러가 되거나 1만 부 이상 판매되는 경우 '보너스'를 지급하는 출판사도 더러 있다.

답변 3은 선인세 방식인데, 주로 제작하는 수량만큼 먼저 저작권료를 지급하는 대신 저작권료를 낮추고자 하는 출판사의 계산이 깔려 있다. 일정 수량만큼 제작하는 잡지에서 원고료 지급 방식으로 활용되고 있다.

이처럼 출판업에 종사하는 사람들도 '매절'의 의미에 대해 명확하게 인식하고 있지 않다. 출판사 선배들이 해온 방식을 비판 없이 그대로 따라 했기 때문일 것이다.

매절계약은 법적으로 불안하다

'매절'이란 용어는 아마도 일제강점기 때부터 사용하기 시작했을 것이다. 관행적으로 매절계약은 저작물 이용 대가를 판매 부수에 따라 지급하는 것이 아니라 미리 일괄 지급하는 형태의 계약을 말한다. 출판사와 저자의 계약은 크게 두 가지로 나누어볼 수 있는데, 책 판매 부수에 따라 저작권료(인세)를 지급하는 '인세 방식'과 일괄적으로 저작권료를 지급하는 '매절 방식'이다. 매절계약을 하면 출판사는 저작자에게 저작권료를 한꺼번에 지급하고 저작권을 양도받는다. 즉 '저작권을 산다.' 따라서 저작권 양도 이후에는 저작권료(인세)를 지급하지 않는다.

문제는 매절계약의 법적 효력에 대해 출판사와 법원이 다른 판단을 하고 있다는 점이다. 출판사는 매절계약을 저작권 양도계약으로 생각하고 있다. 그러나 법원은 항상 양도계약만으로 보지는 않는다.

매절계약에 대한 법원의 태도

출판사가 일반적으로 사용하는 저자와의 계약 방식인 이른바 '매절계약'을 우리나라 법원은 그대로 인정하지 않는다. 매절계약에 관해 법적 분쟁이 발생하는 경우 법원은 저작권료로 지급되는 금액을 고려한 후 양도계약 또는 이용허락계약으로 해석하여 판결하고 있다.

따라서 '매절계약'에 법적인 문제가 생겨 재판을 하는 경우 출판사는 불리해진다. 출판사는 매절계약을 양도계약으로 믿고 있지만, 법원은 인세 금액이 통상적인 저작권료를 초과하는 큰 금액인 경우에만 양도계약으로 인정하고, 그렇지 않으면 양도가 아니라 출판허락계약으로 본다(대법원 1995. 9. 26. 선고 95다3381). 매절계약에 대해 그 원고료로 일괄 지급한 대가가 인세를 훨씬 초과하는 고액이 아니라면 양도계약이 아니라 '출판권 설정계약'이나 '독점적 출판계약'으로 보는 것이다(서울북부지법 2008. 12. 30. 선고 2007가합5940 판결). 저작권에 관한 계약이 양도인지, 이용허락인지 불분명한 경우 저작자에게 권리가 남아 있는 것으로 추정하여 저작자에게 유리하게 해석한다(대법원 1996. 7. 30. 선고 95다29130 판결).

즉 법원은 일반적인 인세 정도를 지급한 매절계약에 대해서는 양도계약으로 보지 않는다. 이처럼 법원은 오래전부터 저작자를 보호하기 위해 출판사의 매절계약 관행에 제동을 걸고 있었다. 그런데도 왜 매절계약이 사라지지 않는 것일까?

출판사가 매절계약을 하는 이유

매절계약(양도일 때)을 하면 출판사는 저작권자가 된다. 추가적인 인세 지급이 없으므로 손익분기점을 지나면 출판사의 이익이 커진다. 저작권자가 되어 저작물을 재가공하여 시장성 있는 저작물을 만들 수 있을 때에도 매절계약을 하게 된다. 이렇듯 매절은 일종의 투자이다. 투자에는 실패할 확률도 존재하므로 매절이 반드시 출판사에 유리한 계약은 아니다. 팔리지 않는 재고는 고스란히 출판사가 부담하는 것이다.

저자의 입장에서 매절(양도)계약을 원하는 경우도 있다. 베스트셀러가 될지 불분명한 경우 인세를 일괄 지급받는 것이 낫다고 판단하기 때문이다. 1만 부 넘게 팔리는 책이 점점 드물어지고 있기 때문에 저작자와 출판사는 서로 어떤 계약을 할지 저울질하게 된다.

책이 출판되는 것만으로도 행복해하는 저자도 있고, 아직 완성되지도 않은 원고의 계약금을 받는 유명 저자도 있다. 출판사는 원고 상태와 상황에 따라 인세 방식이나 매절(양도)계약을 한다. 이런 과정에서 출판사는 저작자와 협의하여 계약하는 것이지 강압적이거나 일방적으로 불리한 조건을 강요하지 않는다. 협상력의 차이는 있지만 저작권에 대한 권리의식이 높아졌으므로 이제는 출판사가 저작권을 가로채듯 계약할 수 없는 시대이다.

저작권자는 선택권이 있다

저작권자는 '계약 자유의 원칙'에 따라 출판사가 제시하는 조건을 거부할 수 있다. 출판사의 계약 조건이 마음에 들지 않으면 조정을 요구할 수도 있다. A출판사와 합의되지 않으면 B출판사와 협의하면 된다. 우리나라에는 4만여 개 출판사가 등록되어 있다. 출판사마다 계약 조건은 제각각이다.

'2차적 저작물 작성권'을 유보할 것인지, 일괄 양도할 것인지도 저작자의 선택에 달려 있다. 출판사가 매절계약을 요구할 때 저작자가 저작권을 양도할 생각이 없다면 그 출판사와 계약하지 않으면 된다. 양도계약을 맺어도 2차적 저작물 작성권이 남아 있다면 저작자에게 유리하다.

※ '매절'이란 용어를 더 이상 쓰지 말자

법원은 저작자가 출판사로부터 지급받는 금액이 통상 이용허락계약에서 받을 수 있는 금액을 훨씬 초과하는 고액인 경우에 양도계약으로 본다. 그렇지 않을 경우에는 단순한 이용허락계약으로 판단한다. '매절'은 대한민국 법원이 그 효력을 그대로 인정하지 않는 용어이다. 출판업계가 계속 써야 할 만큼 중요한 말이거나 의미가 명확한 단어도 아니다. 매절계약은 '양도계약'으로 명확히 표현하고 고액의 저작권료를 지급해야 양도계약으로서 법적인 보호를 받을 수 있다.

발 빠른 출판사는 진작부터 '매절'이란 용어를 계약서에 사용하지 않고 있다. 관행적으로 써오던 것이 맞다고 철석같이 믿고 있으면 저작권 소송에서 패소하게 될 것이다.

판권 페이지에 저자와 출판사를 저작권자로 표시하는 경우

출판사가 저자와 공동으로 저작권을 갖는 경우 'copyright by

홍길동, 출판사'로 표기할 수 있다. 출판사가 단지 출판권만 갖고 있는 경우에는 출판사를 저작권자로 표기하면 오해의 소지가 있다.

Q 잡지에 연재된 수기, 기고문을 묶어서 책으로 내려고 한다. 원고료를 지급한 글들이므로 각 글의 저자와 별도로 출판계약을 해야 하는지? 아니면 그냥 책으로 출판해도 될까?

A 잡지 또는 신문에 실린 글 중에서 고료(원고료)를 지급한 투고 글을 묶어서 책으로 내는 경우가 흔하다. 저자에게 지급된 돈은 그 당시 발행하는 잡지 또는 신문에 싣는 것을 목적으로 하는 원고료이며, 저작권은 해당 저자에게 그대로 남아 있다. 그러므로 그 글들을 책으로 출판한다면 별도로 출판계약을 맺어서 이용허락을 받아야 한다. 그냥 출판하면 저작권 위반이 된다. 일부 잡지의 경우 기고문을 받을 때 원고료를 지급하면서 저작권이 잡지사에 귀속된다는 약정서를 쓰기도 하는데, 이것은 대단히 불공정한 계약서이며 저작권법을 모르는 저자를 쥐꼬리만 한 원고료로 갈취하는 행위이다.

출판사가 판매 부수를 속인다면?

믿고 맡기면 의심하지 말라. 하지만 확인하지 않으면 속이는 악덕 출판사가 있을 수 있다. 책이 팔리면 출판사는 저자의 저작권료(인세)를 일정 기간 후에 정산한다. 저자의 입장에서 판매 부수를 확인하기는 쉽지 않다. 그래서 생각한 것이 검인(저자의 도장이 찍힌 인지)을 책의 판권 페이지에 붙이는 것이다. 또 온라인으로 확인할 수도 있다. 정산에 관한 정보를 저자에게 공개하면 투명한 정산 내역을 확보할 수 있다.

출판유통은 아직도 전근대적이라고 할 구태가 여전히 있다. 열악한 출판유통 구조로 인해 서점에서 책이 판매된 수량과 서점이 출판사에 정산해주는 수량 사이에 차이가 있다. 책이 팔린 만큼 대금이 착착 들어오는 구조가 아니라, 판매 후 일정 기간 뒤에 정산이 이루어지면서 판매 부수와 인세 사이에는 차이가 생기게 된다. 온라인 판매가 확산되면서 많은 부분이 투명해졌지만 여전히 논란이 되고 있다.

출판사는 판매 수량에 관해 저자에게 정확히 보고해야 하고, 저자와 출판사 사이에는 신뢰관계가 있어야 한다. 물품을 판매하는 모든 분야에는 다소의 착오가 있을 수 있고, 모두가 우려하는 바와 같이 수량을 속이는 일도 언제나 일어날 수 있다. 출판사가 인쇄 부수와 판매 부수를 속이면 저자의 입장에서는 밝혀내기가 대단히 어렵다. 결국 입증 문제로 귀결되므로 서로 믿고 출판하는 신뢰관계가 제일 중요하다고 본다.

일부 출판사는 저자 몰래 책을 제작하여 판매한다는 소문도 있다. 비밀리에 추가 제작을 했다가 몰래 제작한 사실이 소문으로 돌면서 저자의 귀까지 들어갈 수 있다. 뭔가 이상함을 느낀 저자가 조사를 시작하면 의심투성이가 되고 만다. 대표적인 사례가 조정래 작가의 《태백산맥》 사건이다. 작가는 인지에 찍는 도장이 위조되었다고 주장했고, 결국 해당 출판사인 한길사와 법적 분쟁까지 벌이게 되었다(동아일보 1992. 2. 15). 위조된 도장을 사용했다고 주장하는 작가와 단 한 권의 인세도 빼돌리지 않았다는 출판사의 주장이 팽팽히 맞섰다(한겨레 1991. 5. 18.).

책 제작 수량과 판매 수량 그리고 판매 후 서점에서 정산된 수량은 모두 차이가 날 수 있다. 정산을 할 때에는 제작 수량에서 저자 증정 부수, 홍보용 증정 부수, 파본으로 인한 반품 부수 등은 제외한다. 저자가 출판 과정이나 책 유통 과정에 대한 이해가 없는 경우 출판사와 오해를 빚을 수 있다. 오해가 생기면 저자는 출판사가 판매량을 속이고 있다고 생각하게 되고, 출판사는 저자가 출판도 모르면서 의심한다고 여길 것이다. 출판 과정에 대해 저자가 정확히 이해하지 못하는 것은 저자의 무지라기보다 출판사의 잘못이라고 본다. 출판사는 저자가 모르거나 궁금해하는 부분을 적극적으로 설명할 필요가 있다. 그렇게 해야 오해로 인한 분쟁을 막을 수 있기 때문이다.

3. 출판계약서 작성 매뉴얼

출판계약서는 저작자와 출판사가 책을 출판하기로 합의할 때 작성하는 법률문서이다. 계약서를 작성하려면 우선 저작자와 출판사가 서로 의견 일치를 보아야 한다. 저작자와 출판사의 생각이 서로 다르다면 계약서를 작성할 수 없으며, 작성하더라도 잘못된 계약서가 되어 분쟁의 씨앗이 될 수 있다.

출판계약서를 잘 쓰고 싶다면 두 가지를 잘 알고 있어야 한다. 첫째는 '계약 내용'이다. 자신이 무엇을 하려고 하는지 정확히 알고 작성해야 한다. 둘째는 계약서 기재 사항의 '법적 의미'이다. 계약서에 쓴 내용의 법적 의미를 모른다면 계약서를 절대로 잘 쓸 수 없다. 빈칸에 이름과 숫자만 적어 넣으면 끝이 아니다. 기재된 내용의 의미를 알고 계약서를 써야 비로소 분쟁 없는 출판계약서가 될 수 있다.

계약서를 잘 쓴다는 것은 상대방을 골탕 먹이거나 얕은수를 써서 유리하게 작성한다는 의미가 아니다. 계약 당사자들이 합의한 내용을 계약서에 그대로 기재하는 것이다. 물론 계약서를 잘 쓴다고 해서 문제가 전혀 발생하지 않는 것은 아니다. 계약서를 아무리 잘 써도 분쟁은 발생할 수 있다. 계약서를 쓰는 이유는 계약 당사자들 사이에 합의한 사항을 기재하여 계약을 이행하고, 저작자와 출판사 사이에 의견 충돌이 있을 때 분쟁을 해결하기 위해서이다. 마지막에 기댈 것은 계약서뿐이다.

계약을 하면 계약 당사자들은 계약 내용대로 이행할 의무가 있다. 온라인 쇼핑몰의 '단순변심에 의한 환불'처럼 간단히 물러도 되는 출판계약은 존재하지 않는다. 일단 계약을 하면 그대로 이행해야 한다.

이 책에서는 출판계약을 할 때 자주 사용하는 '독점적 출판계약서', 즉 출판권과 배타적발행권을 설정 등록할 수 있는 계약서 양식을 기준으로 작성법을 설명했다.

출판계약을 해지하고 싶다면?

저작권 강의를 하다 보면 수많은 질문을 받게 되는데 그 중 하나가 "출판사와 출판계약을 해지하고 싶다"는 저자들의 질문이다. 사연을 물어보면 다양한 이유가 있지만 대개 출판사가 마음에 안 들어서 다른 출판사로 옮기거나, 직접 출판해서 책을 더 많이 팔고 싶다고 했다. 1판은 출판사를 통해 시장성을 확인했으니 개정판은 자신이 직접 출판해서 수익을 올리고 싶어 한다. 일부 전문서의 경우 저자가 책을 다 판매한다고 해도 과언이 아니다. 그런 저자는 출판사의 효용을 전혀 느끼지 못할 수 있다.

출판계약서에 기재된 해지 사유에 해당하면 계약기간 중이더라도 합의하에 해지할 수 있다. 재고 처리와 정산 방법을 합의하면 문제 될 것은 없다. 계약기간이 너무 길면 저자와 출판사 사이에 불만이 생길 수 있다. 애초에 적절한 기간으로 계약해야 추후 일어날 수 있는 상황에 대처할 수 있다.

출판계약서 작성 방법

다음은 출판표준계약서 양식과 주요 계약내용에 대한 설명이다. 표준계약서를 기준으로 사용하기 편리하게 다소 수정했다. 계약내용에 따라 수정하여 사용하면 된다.

출 판 계 약 서

(출판권 및 배타적발행권 설정)

저작자_____(이하 '갑'이라고 한다)와(과) 출판사 _____(이하 '을'이라고 한다)는(은) 아래의 저작물에 대하여 다음과 같이 출판권 및 배타적발행권 설정계약을 체결한다.

    저작자 이름 :

    저작재산권자 이름 :

    저작물의 표시(제목 또는 가제목) :

    저작물의 내용 개요 :

※ 저작자는 저자를 말한다. 저작자는 저작재산권(복제권 포함)을 가지고 있어야 계약 당사자가 될 수 있다. 저작재산권이 없는 저작자는 출판계약을 할 수 없다. 저작자와 저작재산권자가 다를 경우 반드시 저작재산권자와 계약해야 한다.

이 계약서는 갑과 을이 종이책과 전자책을 출판하려고 할 때 사용하는 양식이다. 갑이 원고를 제공하고 을은 그 원고로 책을 만들려는 서로의 의사가 합치될 때 계약은 효력이 있다.

제1조 (권리의 설정)

갑은 을에게 위에 표시된 저작물(이하 '위 저작물')에 대한 출판권 및 배타적발행권을 설정한다. 이때 '출판권'은 "저작물을 인쇄, 그 밖에 이와 유사한 방법으로 문서 또는 도화로 발행(복제 및 배포)하는 것에 관한 배타적 권리"를, '배타적발행권'은 '출판권'을 제외하고 "저작물을 공중의 수요를 충족시키기 위하여 복제·배포하는 것과 저작물을 복제·전송하는 것"(이하 '발행 등')에 관한 배타적 권리를 말한다.

제2조 (권리의 등록)
① 을은 위 저작물에 대한 출판권 및 배타적발행권 설정 사실을 한국저작권위원회에 등록할 수 있다.
② 제1항에 따라 을이 출판권 및 배타적발행권 설정 등록을 하는 경우 갑은 등록에 필요한 서류를 을에게 제공하는 등 이에 적극 협력하여야 한다.

제3조 (독점출판 및 배타적 이용)
① 을은 위 저작물을 원작 그대로 출판할 수 있으며, 이 계약에서 정한 조건 및 방법에 따라 위 저작물을 발행 등의 방법으로 이용할 수 있는 독점적이고 배타적인 권리를 가진다.
② 갑은 계약기간 중 위 저작물의 제호 및 내용의 전부와 동일 또는 유사한 저작물을 별도로 출판 및 발행 등의 방법으로 이용하거나 제3자로 하여금 이용하게 하여서는 안 된다.
③ 갑은 을의 사전 동의 없이 위 저작물의 개정판 또는 증보판을 직접 출판하거나 제3자로 하여금 출판하도록 하여서는 아니 된다.

※ ②, ③항은 이 계약이 '독점적 출판계약'이란 점을 명확히 나타난다. 저작자

가 동일 또는 유사한 내용의 책을 다른 출판사와 이중으로 출판하지 못하도록 규정하고 있다. 만약 저작자가 내용을 다소 변경하여 다른 출판사와 계약하거나, 블로그 등에 원고 내용을 그대로 올려놓는다면 출판사의 입장이 곤란해질 수 있다. 책 판매에 방해가 될 수 있기 때문이다.

제4조 (계약기간 및 자동 연장)
① 위 저작물의 출판권 및 배타적발행권은 계약일로부터 시작하여 발행일로부터 <u>5</u> 년까지 존속한다.
② 갑 또는 을은 계약기간 만료 3개월 전까지 상대방에게 계약의 해지를 통고할 수 있다.
③ 제2항에 따른 해지 통고가 없는 경우에는 이 계약은 동일한 조건으로 자동 연장된다. 다만 자동 연장 기간은 <u>1</u> 년씩으로 한다.

※ 일반적인 계약은 계약일로부터 기간을 정한다. 하지만 출판의 경우 원고를 준비하는 기간이 필요하기 때문에 대개 발행일을 기점으로 계약기간을 정한다.
일반적으로 출판계약 기간은 5년으로 하고 있다. 계약기간은 저작자와 출판사가 자율적으로 협의하여 정하는 것이다. 관행적으로 5년 계약을 하지만 3년 또는 7년으로 정해도 무방하다. 계약기간을 정하지 않으면 3년으로 간주한다.

※ 계약기간의 자동 연장은 지속적인 거래를 유지할 필요가 있는 경우 일반적인 계약서에 포함되어 있다. 계약기간 종료를 이유로 출판된 책을 판매 금지시킨다면 재고로 남은 책을 처분하기 곤란해질 수 있다. 그러므로 출판계약은 자

동 연장되는 것이 저작자와 출판사 모두에게 바람직하다. 다만 자동 연장 기간은 최초 계약기간으로 정하는 것보다는 1년씩 연장되는 것이 저작자에게 유리하다.

제5조 (완전원고의 인도와 발행 시기)
① 갑은 _____년 _____월 _____일까지 위 저작물의 출판 및 발행 등을 위하여 완전한 원고 또는 이에 상당한 자료(이하 '완전원고')를 을에게 인도하여야 한다. 다만 부득이한 사정이 있을 때에는 을과 협의하여 그 기일을 변경할 수 있다.
② 을은 갑으로부터 완전원고를 인도받은 날로부터 _____개월 내에 위 저작물을 출판 및 발행 등의 방법으로 이용하여야 한다. 다만 부득이한 사정이 있을 때에는 갑과 협의하여 그 기일을 변경할 수 있다.

※ '완전원고'는 출판하는 데 부족함이 없는 원고를 지칭한다. 문제는 저작자와 출판사가 완전원고에 대해 의견이 일치하지 않을 때 발생한다. 저작자는 완벽하다고 하고 출판사는 부족하다고 우기면 답이 없는 상황이 된다. 그래서 출판은 저작자와 출판사의 깊은 신뢰가 있어야만 가능한 일이다.
저작권법에서는 원고를 인도받은 날로부터 9개월 이내에 출판을 하도록 규정하고 있다. 이 기한은 저작자와 출판사가 협의하여 정할 수 있다. 대개는 9개월 이내에 출판을 하지만, 사정이 여의치 않은 경우 출판사는 저작자와 반드시 협의해야 불필요한 마찰을 줄일 수 있다. 저작자도 원고 완성이 늦어지면 사전에 출판사와 충분히 협의하고 양해를 구해야 출판계약이 원만하게 진행될 수 있다.

제6조 (저작물의 내용에 따른 책임)

위 저작물의 내용이 제3자의 저작권 등 법적 권리를 침해하여 을 또는 제3자에게 손해를 끼칠 경우에는 갑이 그에 관한 모든 책임을 진다.

※ 원고 작성에 대한 책임은 저작자에게 있다. 저작자가 표절을 하거나 법률을 위반하여 원고를 작성하면 1차적으로 저작자가 그 책임을 져야 한다는 계약 내용이다. 저작자가 저작권법 등을 위반한 원고를 출판사에 제공한다면 그 법적 책임도 져야 한다는 점을 명심해야 한다.

제7조 (저작인격권)

을은 저작자의 저작인격권을 존중하여 저작자가 저작물에 표시한 실명 또는 이명 등 성명을 올바르게 표시하여야 하며, 위 저작물의 제호, 내용 및 형식을 바꾸고자 할 때는 반드시 저작자의 동의를 얻어야 한다.

※ 저작인격권에 관한 사항을 계약서에 기재하지 않아도 당연히 저작인격권은 존중되어야 한다. 그런데 일부 출판사에서는 제목을 저작자와 협의 없이 마음대로 바꾸거나, 심지어 저작자 이름도 바꿔치기하는 경우가 있다. 이런 사고를 미연에 방지하고자 하는 조항이다.

제8조 (교정)

위 저작물의 내용 교정 및 교열은 갑의 책임 아래 갑이 수행함을 원칙으로 한다. 다만 갑은 을에게 교정 및 교열에 대한 협력을 요청할 수 있으며, 을은 갑의 요청에 따라 수행한 교정 및 교열 내용에 대하여 갑으로부터 최종 확인을 받아야 한다.

제9조 (저작물의 수정증감 및 비용 부담)
① 갑 또는 저작자는 을이 출판권 및 배타적발행권의 목적인 위 저작물을 중쇄 또는 중판하거나 다시 발행 등에 이용하는 경우 정당한 범위 안에서 그 저작물의 내용을 수정하거나 증감할 수 있다.
② 을은 출판권의 목적인 위 저작물을 중쇄 또는 중판하거나 다시 발행하고자 하는 경우에 그때마다 미리 저작자에게 그 사실을 알려야 한다.
③ 위 저작물을 맨 처음 출판 및 발행 등의 방법으로 이용한 후 중쇄 또는 중판하거나 다시 발행 등으로 이용함에 있어 갑의 요청에 따른 수정, 증감 등에 의하여 통상의 제작비를 현저히 초과하는 경우 그 초과금액에 대한 갑의 부담액은 갑과 을이 협의하여 정한다. 이때 통상의 제작비는 맨 처음 출판 및 발행 등의 비용을 기준으로 산정한다.
④ 위 저작물의 저작에 필요한 비용은 갑이 부담하고 제작, 홍보, 광고 및 판매에 따른 비용은 을이 부담한다.

※ 저작자는 저작물에 대한 수정증감권이 있다. 출판사는 추가로 책을 제작할 때 책 내용에 수정하거나 변경할 사항이 있는지 저작자에게 알려야 한다.

제10조 (저작권의 표지 등)
① 을은 위 저작물의 복제물 및 전송물에 적당한 방법으로 저작자 및 저작재산권자의 성명과 발행 연월일 등 저작권 표지를 하여야 한다.
② 갑과 을은 검인지 부착 또는 생략에 관한 사항을 협의하여 정한다.

제11조 (저작물 이용 조건 및 방법 등)

① 위 저작물의 출판물에 대한 정가, 판형, 제책 방식 등은 을이 결정한다. 다만 갑이 을에게 이에 대한 의견을 표시한 경우 을은 적극적으로 갑과 협의하여야 한다.

② 위 저작물의 발행 등에 따른 이용 조건 및 방법은 다음과 같이 정한다.

▶ 복제 유형 : 온라인(다운로드 형식)/오프라인(유형물)

▶ 매체 형식 : 전자책, 오디오북 등

▶ 이용 형식 : 솔루션/디바이스/플랫폼 등

▶ 정가 : 회당(또는 1set) _____ 원

③ 을은 출판물 및 전송물을 홍보·광고함에 있어 갑의 명예를 훼손하여서는 아니 된다.

제12조 (계속 출판 및 발행 등의 의무)

① 을은 이 계약기간 중 위 저작물을 계속 출판 및 발행 등의 방법으로 이용하여야 한다.

② 출판물의 경우 6개월 동안 월간 평균 판매량이 ____부 이하, 전송물의 경우 6개월 동안 월간 평균 매출액이 ____원 이하가 될 경우, 갑과 을이 합의하여 이 계약을 해지할 수 있다.

제13조 (저작권료 등)

① 을은 갑에게 출판물의 경우 정가의 _____%에 해당하는 금액에 발행(또는 판매) 부수를 곱한 금액을, 전송물의 경우 매출액의 _____%에 해당하는 금액을 저작권 사용료로 지급한다. 이때 갑은 을에게

발행(또는 판매) 및 전송물의 매출액에 대한 자료를 요청할 수 있다.

② 을은 ____개월에 한 번씩 발행(또는 판매) 부수 및 매출 현황을 갑에게 통보하고, 통보 후 30일 이내에 그 기간에 해당하는 저작권 사용료를 지급하여야 한다. 만일 을이 발행(또는 판매) 부수 및 매출 현황을 약정기일에 통보하지 아니하는 경우에는 갑은 임의로 저작권 사용료를 청구할 수 있으며, 그 금액이 실제 발행(또는 판매) 부수 또는 매출액을 초과했음을 을이 입증하는 경우 이후의 저작권 사용료에서 이를 공제한다.

③ 갑은 납본, 증정, 신간 안내, 서평, 홍보 등을 위하여 제공되는 부수에 대하여는 저작권 사용료를 면제한다. 다만 그 부수는 매쇄당 ____%를 초과할 수 없으며, 을은 자세한 내역을 갑에게 알려주어야 한다.

※ 저작권료(인세)를 정산하는 기준이 크게 다르다. 실무에서는 종이책의 경우 도서 정가를, 전자책의 경우 매출액을 기준으로 정산한다. 정가 1만 원인 종이책이 팔리면 일반적으로 출판사는 6,000~7,000원 정도 매출을 올린다. 정가를 기준으로 할지, 매출액을 기준으로 할지에 따라 저작권료가 크게 달라질 수 있다.

제14조 (계약금)
① 을은 이 계약과 동시에 계약금으로 ____원을 갑에게 지급한다.
② 출판의 경우 초판 제1쇄의 발행 부수는 ____부로 한다.
③ 을은 이후 지급할 저작권료에서 제1항의 계약금을 공제한다.

※ 일부 계약서에는 계약금이 아니라 '선급금'이라고 기재하는 경우가 있다. 계

약금도 미리 지급하는 돈이고, 선급금도 미리 지급하는 돈이다. 계약금과 선급금의 차이는 무엇일까? 이 두 가지는 계약을 해지할 때 달라진다. 계약금의 경우 저작자가 특별한 사유 없이 계약을 해지하려면 계약금의 2배를 지급하고 계약을 해지할 수 있다. 출판사가 먼저 계약을 해지하려면 계약금을 포기하면 가능하다. 그러나 선급금은 다르다. 선급금을 계약금으로 보지 않고 단지 미리 지급하는 돈으로 보면, 저작자가 계약을 해지하고 싶을 때 선급금만 출판사에 돌려주면 된다. 즉 계약을 좀 더 쉽게 해지할 수 있다.

실제로 이러한 맹점을 악용하는 자들이 있다. 그러므로 '계약금'이라고 명확한 용어를 사용하는 것이 분쟁의 소지를 줄일 수 있다.

제15조 (갑에 대한 증정본 등)
① 을은 초판(개정판) 1쇄 발행 시 ＿＿＿부, 중쇄 발행 시 ＿＿＿부를 갑에게 증정한다.
② 갑이 제1항의 부수를 초과하는 복제물이 필요한 경우 정가의 ＿＿＿%에 해당하는 금액으로 을로부터 구입할 수 있다.

제16조 (2차적 저작물 및 재사용 이용허락)
① 이 계약기간 중에 위 저작물이 번역, 각색, 변형 등에 의하여 2차적 저작물로서 연극, 영화, 방송 등에 사용될 경우에는 그에 관한 이용허락 등 모든 권리는 갑에게 있으며, 이때 발생하는 저작권 사용료 징수 등에 관한 사항에 대하여 을에게 위임할 수 있다.
② 이 계약의 목적물인 위 저작물의 내용 중 일부가 제3자에 의하여 재사용되는 경우에는 먼저 갑이 그에 관한 이용을 허락하여야 하며, 이때 발

생하는 저작권 사용료 징수 등에 관한 사항에 대하여 을에게 위임할 수 있다.
③ 갑은 위 저작물을 원저작물로 하는 2차적 저작물의 수출에 관한 사항의 전부 또는 일부를 을에게 위임할 수 있다.

제17조 (전집 또는 선집 등에의 수록)
이 계약기간 중에 갑이 위 저작물을 자신의 전집이나 선집 등에 수록, 출판할 때에는 미리 을의 동의를 얻어야 한다.

※ 유명 저자의 경우 간혹 '재수록' 상황이 발생할 수 있다. 시집에 있는 시 한 편을 다른 책에 재수록하고 싶을 때 출판사의 동의를 미리 얻도록 한 조항이다. 이미 출판된 시에 대해 해당 출판사의 출판권을 고려하는 것이다. 그렇다면 시의 재수록 비용은 어느 정도가 적당할까? 한국문예학술저작권협회의 비용 기준을 따르면 적절하다.

제18조 (저작재산권, 출판권 또는 배타적발행권의 양도 등)
① 갑은 위 저작물의 복제권, 배포권, 공중송신권의 전부 또는 일부를 제3자에게 양도하거나 이에 대하여 질권을 설정하고자 하는 경우에는 사전에 이를 을에게 통보하여야 한다.
② 을은 위 저작물의 출판권 또는 배타적발행권을 제3자에게 양도하거나 이에 대하여 질권을 설정하고자 하는 경우에는 반드시 갑의 문서에 의한 동의를 얻어야 한다.

제19조 (계약 내용의 변경)

이 계약은 갑과 을 쌍방의 합의에 의하여 변경할 수 있다. 이에 대한 합의는 서면으로 한다.

제20조 (계약의 해지 또는 해제)

① 갑 또는 을이 이 계약에서 정한 사항을 위반하였을 경우 그 상대방은 일(개월) 이상의 기간을 정하여 제대로 이행할 것을 알릴 수 있다.

② 제1항의 조치에도 불구하고 이를 이행하지 아니하는 경우 그 상대방은 이 계약을 해지 또는 해제할 수 있고, 그로 인한 손해의 배상을 청구할 수 있다.

③ 갑은 을이 더 이상 출판 및 발행 등을 계속할 의사가 없음을 표명하거나 도산 등의 사유로 출판 및 발행 등을 계속할 수 없는 상황이 명백한 경우 즉시 계약의 해지를 을에게 통고할 수 있다.

제21조 (권리 소멸 후의 배포)

① 배타적발행권 또는 출판권이 소멸한 후에도 을은 계약기간 만료일 이전에 발행 등 또는 출판의 방법으로 이용한 저작물(유형물에 한함)을 ___ 월(년) 동안 배포할 수 있다. 만일 이 같은 배타적발행권 또는 출판권 소멸 후 약정기간이 경과하였음에도 을이 배포 등 이용행위를 계속하는 경우 을은 이에 따른 민·형사상의 책임을 진다.

② 제1항에 따른 배포에 대하여 을은 제13조 제1항에 따라 저작권 사용료를 지급하여야 한다.

※ 출판계약기간이 만료되거나 해지를 하면 유통되고 있는 책들을 정리할 필요가 있다. 문제는 재고 처리이다. 재고가 있는 경우 계약기간 만료일에 즉시 유통을 불허하면 출판사에 큰 불이익이 된다. 남은 재고와 유통 물량을 파악하여 저작자에게 저작권료를 미리 지급하거나, 일정 기간이 지난 후 판매량에 대해 후지급 하는 방법으로 처리한다.

참고로 온라인콘텐츠 업계는 계약기간이 끝났을 때 유통 중인 온라인콘텐츠를 일시에 중단시키면 손해가 크므로 1년 정도 유예기간을 두고 있다. 예를 들어 이러닝콘텐츠의 경우 저작자와 이러닝콘텐츠 제작사의 계약기간이 끝나더라도 유통사에서는 계속 서비스하는 경우가 있다. 소비자들의 구매 이용기간이 남아 있기 때문이다.

출판사의 경우에도 종이책과 전자책의 구별 없이 짧게는 6개월, 길게는 1년까지 재고 처리와 정산기간을 두는 것이 바람직하다.

제22조 (재해, 사고)
천재지변, 화재, 그 밖의 불가항력의 재난으로 갑 또는 을이 손해를 입거나 계약 이행이 지체 또는 불가능하게 된 경우에는 서로의 책임을 면제하며, 후속조치를 쌍방이 합의하여 결정한다.

제23조 (비밀 유지)
갑과 을은 이 계약의 체결 및 이행 과정에서 알게 된 상대방 및 상대방의 거래처 등에 관한 모든 비밀 정보를, 상대방의 서면에 의한 승낙 없이 제3자에게 누설하여서는 아니 된다.

제24조 (개인정보의 취급)
① 갑과 을은 위 저작물의 출판 및 이에 부수하는 업무 과정에서 알게 된

상대방의 개인정보를 개인정보 보호법의 취지에 따라 유의하여 취급하여야 하며, 사전 동의 없이 이를 누설하거나 다른 사람이 이용하도록 제공하여서는 아니 된다.

② 갑은 을이 이 계약에 의한 출판물의 제작 및 광고, 홍보, 판매 등을 위하여 갑이 제공한 정보를 스스로 이용하거나 제3자에게 제공하는 것을 허락한다. 다만 저작자의 초상 이용에 대하여는 갑과 을이 합의하여 결정한다.

제25조 (계약의 해석 및 보완)
이 계약에 명시되어 있지 아니한 사항에 대하여는 갑과 을이 합의하여 정할 수 있고, 해석상 이견이 있을 경우에는 저작권법 등 관련 법률 및 계약 해석의 원칙에 따라 해결한다.

제26조 (분쟁의 해결)
① 이 계약과 관련한 분쟁이 발생할 경우 갑과 을은 제소에 앞서 한국저작권위원회의 조정을 받을 수 있다.
② 갑과 을 사이에 제기되는 소송은 _____법원을 제1심 법원으로 한다.

※ 저작자와 출판사 사이에 분쟁이 발생하는 경우 소송보다는 원만하게 합의하여 해결하는 방향이 바람직하다. 분쟁을 조정해주는 제3자가 있다면 해결하기가 좀 더 쉬워진다. 한국저작권위원회는 분쟁이 일어났을 때 조정을 해주고 있다. 소송에 앞서 조정을 신청하는 것이 빠르게 분쟁을 매듭짓는 바람직한 방법이다.

만약 저작자와 출판사 사이에 법적 분쟁이 발생하여 소송을 하는 경우 소송할 법원을 미리 정할 수 있다. 일반적으로 서울중앙지방법원으로 정하거나 가까운 법원을 지정한다. 미리 정하지 않았다고 해서 소송을 하지 못하는 것은 아니다.

특약 사항
1. 출판물의 검인지 부착 여부
2. 공동저작물 여부에 대한 합의
3. 완전원고 판단 기준
4. 전자책의 저작물 이용 조건 및 방법에 대한 추가 사항
5. 2차적 저작물/재사용/저작권 수출 관련 사항의 위임 여부
6. 한국저작권위원회 조정에 대한 합의 여부
7. 데이터파일 매수 요청에 관한 사항
8. 원고 또는 사진 등의 반환 여부

※ 계약서의 일반적인 내용 이외에 특약으로 정할 사항이 있으면 '특약 사항'에 기재한다. 당연히 저작자와 출판사가 합의한 사항만 기재해야 한다. 위에 표시된 내용을 모두 특약 사항으로 하는 것은 아니다. 특별히 정하고 싶은 내용만 선별적으로 기재하면 된다. 특약 사항에는 주로 저작권료 정산 방법이나 책에 대한 광고 계획 등 저작자의 요구 사항이 반영된다. 특약으로 정한 사항도 계약의 일부이므로 당연히 계약의 효력이 있다.
저작자가 종이책과 전자책을 서로 다른 출판사에서 출판하는 경우 종이책을 제작한 출판사가 저작자에게 인쇄용 데이터파일을 매수해달라고 요청할 수 있

다고 하는데, 실효성은 의문이다.

저작자가 워드프로그램이 아닌 원고지에 손으로 글을 쓰는 경우가 있다. 이러한 초고는 저작자에게 큰 의미가 있으므로 반환을 요구하면 출판사는 분실 또는 도난당하지 않도록 보관하여 되돌려주어야 한다. 사진 원본의 경우 스캔이나 인쇄 작업 중에 분실하여 출판사가 저작자에게 책임을 지는 경우를 종종 볼 수 있다. 세심한 주의가 필요하다.

이 계약을 증명하기 위하여 계약서 3통을 작성하여 갑, 을이 서명 날인한 다음 각 1통씩 보관하고, 나머지 1통은 출판권 설정 등록용으로 사용한다.

년   월   일

※ 작성 연월일을 빠뜨리지 않도록 주의하자. 계약서의 작성일은 계약 효력 발생과 직결된 사항이므로 반드시 기재하도록 한다.

저작재산권자(갑)

성   명 :   (인)
연 락 처 :
주   소 :
주민번호 :

출판사(을)

주　　소 :

대 표 자 :

연 락 처 :

회 사 명 :　　　　　(인)　　사업자등록번호 :

※ 마지막에는 갑과 을의 인적사항을 기재한다. 계약 당사자가 개인인 경우 개인 이름과 주민등록번호를, 법인인 경우 회사명과 법인번호 그리고 사업자번호 등을 기재한다. 연락처와 주소도 잊지 않고 기재한다. 개인정보 유출이 마음에 걸린다면 주민번호 대신 생년월일을 기재해도 된다. 다만 나중에 세무 처리를 위해 출판사에서 저자에게 인적사항을 요구할 수 있다. 이때는 정확한 주민번호를 알려주어야 한다. 계약금을 송금하기 위해 계좌번호가 기재된 통장 사본을 받을 수도 있다. 업무 처리에 필요한 사항은 요청하고 제공받아 처리하면 된다.

다시 말하지만 출판계약의 당사자는 저작재산권자와 출판사이다. 엉뚱한 사람과 계약하지 않도록 주의해야 한다. 저작자라도 저작권이 없을 수 있기 때문이다.

※ 계약서를 작성한 후 한국저작권위원회에 등록하면 비로소 대외적으로 출판사의 출판권 효력(대항력)이 인정된다. 출판권을 등록하려면 반드시 인감도장을 계약서에 찍어야 한다. 그래야 등록이 가능하다. 만약 출판권 등록을 하지 않는다면 인감도장 대신 일반 도장을 찍거나 직접 사인해도 출판계약으로서 효력이 발생한다.

맺음말

　기획에 대한 격언 중에 "눈에 보이지 않는 것까지 보라"는 얘기가 있다. 남들이 보지 못하고 지나친 것을 놓치지 말라는 뜻이다. 또한 본질을 꿰뚫는 통찰력을 발휘해야 좋은 기획이 나온다는 의미이다. 눈에 보이지 않는 것까지 보려는 기획 중에는 "보이는 것만 믿으세요"라는 광고가 있다. 객관적으로 드러난 수치를 보라는 의미인데, 광고의 숨은 뜻을 제대로 이해하지 못하고 정말로 눈에 보이는 것만 믿는 사람도 있다. 현실에서 눈에 보이는 것만 믿으면 어떻게 될까? 한마디로 바보가 된다. 중요한 것은 중요하지 않은 것들로 가려져 있고 본질은 쉽게 드러나지 않기 때문이다.

　'저작권'은 눈에 보이지 않는 권리이다. 눈에 보이는 것은 종이로 된 책이나 전자책이다. 이것은 저작권이 아니라 저작물이다. 눈에 보이는 것만 믿는 사람들은 저작물과 저작권은 혼동하게 된다. 눈으로 보이는 저작물을 통해 그 속에 숨어 있는 저작권을 볼 수 있어야 한다.

　저작권 분쟁은 대개 '무지(無知)'에서 비롯된다. 모르기 때문에 벌어지는 사건이 태반이다. 모른다고 말하면 뭐든지 용서가 될 것으로 착각하는데, 저작권 위반인지 몰랐다고 말해도 면책되지 않는다. 모르면 배우면 된다. 제발.

편집자 · 작가를 위한
출판저작권 첫걸음
― 법률 관리사례 ―

이승훈 저

1판 1쇄	2016년 7월 1일
발 행 인	이승훈
교정교열	정은경
발 행 처	도서출판 북스페이스
주　　소	서울시 마포구 상암동 문화콘텐츠센터빌딩 509호
대표전화	010-6338-6058
팩　　스	0505-405-5000
출판등록	제2011-000126호
이 메 일	just4@naver.com

ISBN 978-89-967241-4-8 (93360)

• 잘못 만들어진 책은 구입한 곳에서 교환해드립니다.